SHODENSHA
SHINSHO

不動産で知る日本のこれから

牧野知弘

祥伝社新書

はじめに

先日手にした本に、歴史家である安藤優一郎さんの『江戸の不動産』（文春新書）がある。この書によれば、封建制度で縛られていた江戸時代の江戸においては、武士も町人も農民もが、せっせと不動産取引に勤しんでいたという。

江戸は、参勤交代を義務づけられた大名が市中に上屋敷、中屋敷、下屋敷といった武家屋敷を構えており、不動産を扱う私も、古地図などで検証すると、良い立地の不動産はたいてい江戸時代には武家屋敷であったことは知っていた。だが、武家屋敷の土地は当然江戸幕府のものであるから、その土地が取り引きされていたとは夢にも思わなかった。

１６５７年に発生して、江戸の市中のほとんどを焼きつくしたと言われる明暦の大火など、江戸の不動産は火災との闘いであったという。幕府は火災の延焼を食い止めるために、火除地と呼ばれる空地を指定して家屋間の間隔を確保したそうだが、現代でも容積率を緩和して超高層のオフィスビルなどを建てる際には、計画地内に公開空地といって誰もが通過できる空地を作るように求められている。このように当時の都市計画が、現代のそれにも通じている様子が随所に登場する。

さらにこの書では、土地について、やりたい放題のさまが活写されている。火除地をちゃっかり借り受けて商売をしたり、物置にする。大名が武家屋敷を建てるために幕府から拝領しているはずの土地を勝手に売買する。他の大名との間で土地の交換をする。拝領地に家作を建てて賃貸住宅として運用する。豪農が幕府に茄子を献上するためと称して、火除地を借り受け、実際にはもっと遠くの畑で作った茄子を献上して、借り受けした土地では賃貸住宅を建てて運用してしまうなどなど。

現代でいう不動産屋である、不動産売買や賃貸の仲介人が登場したり、新しい土地に移る際には、近隣を牛耳る武家などにお金を配る、現代における近隣対策屋なども登場して、不動産を業とする私も、思わず苦笑してしまう内容である。

幕末から明治にかけて、これらの武家屋敷の土地が明治政府に接収され、民間に払い下げられる過程でも、さまざまな権謀術数が繰り広げられる。慶應義塾の創始者である福沢諭吉が、現在の三田キャンパスの土地を策を弄して見事に掌中にするさまや、日本橋の土地を押し付けられた三井家が当時のルールで土地を塀で囲う費用を負担するのを厭うた話、現在の丸の内付近はまったく人気がなく、西南戦争で巨利を得た岩崎家に明治政府が市価の数倍の値段で無理やり引き取らせた話など、当時の政情や経済、社会の動きに不動産が見事に絡んでいることがわかる。不動産はまさに、時代の動きを映し出す鏡の役割を果たしているのである。

現代においても不動産は、社会の重要なインフラとして機能している。人にとって不動産とは、絶対に切っても切れない関係にあるからだ。

住むための住宅、働くためのオフィスや工場、買い物や食事をするための商業施設、商品を運ぶための物流施設、旅をするときの宿泊施設、遊ぶための遊戯施設など、すべて不動産を基盤として日々の生活が構成されている。

だがいっぽうで、不動産を取り巻く環境は時代の変化とともにその姿を変容させている。

人々の居住形態も、戸建て住宅からマンションに代表される共同住宅のウエイトが高くなっている。郊外へ郊外へと広がっていった人口も、今は都市部に収束を始めている。オフィス街は超高層ビルが林立して巨大化しているが、他方でコワーキング施設のようなシェアリングの動きも出てきている。世界中の人々が行き来することでインバウンド需要が盛り上がり、観光産業が栄え、あらたな経済環境を創出し始めている。

日本は人口が２０１５年以降減少に転じ、現在では毎年40万人程度が減少する時代になった。これまでひたすら量だけを供給すれば、勝手に需要がついてきた住宅などの業界でも、これまでの成功の方程式が通用しなくなっている。

不動産の価値は実需だけでなく、金融マーケットにも翻弄（ほんろう）されるようになってきた。そして不動産の世界にも、所有をせずに利用に価値を見出すシェアリングの概念が入ってきた。不動産流通の現場でもＡＩ、ＩｏＴのツールが侵入を始めている。ハード優先だった日本の不動産にも、ソフトウエア＝知恵が必要になっているのだ。

そうした意味で、これからの不動産がどのような発展をしていくのかを読み取ることは、すなわち日本の将来を見ることにつながるのである。

私は不動産の事業プロデューサーとして、現在でも多くの不動産の事業企画立案、投資家やオペレーター、設計、デザイン、施工のアレンジメント、プロジェクト全体の統括を手掛けている。

不動産は息の長い資産である。一度立ち上がればその後数十年、中には数百年にわたって存在し続ける。

つまり不動産をプロデュースするということは、「未来」をプロデュースすることでもある。

そんな立場である私が、仕事や世相を通じて日々感じてきていることを、文春オンラインで連載していたものをまとめたのが本書である。本書を通じて、日本の未来像を少しでも読み取っていただければ幸いである。

２０２０年３月

牧野知弘（まきのともひろ）

目次

第2章　不動産新事情　41

第1章

マンションは、どうなっていく？

タワーマンションを買うのは、東京を知らない地方の人たち

都心の風景は2000年代になってずいぶん変わった。

羽田空港から都心に向かう首都高速1号線に乗れば、芝浦近辺から都心部にかけて、まるでムーミンに登場するニョロニョロのごとくタワーマンションが林立する。お台場に向かうレインボーブリッジから都心を見れば、そこは湾岸タワーマンションが天にも届けとばかりに、その高さを競い合う光景に触れることができる。

では、首都圏（1都3県）でタワーマンションはどのくらいできているのだろうか。タワーマンションという定義はないが、不動産経済研究所では20階建て以上のマンションを超高層マンションとして、分譲用に供給された戸数について集計・発表をしている。

それによれば、2004年以降2016年までの13年間に、首都圏で供給された超

高層マンションは累計で５７３棟、17万７８５０戸に及ぶ（２０１６年は推定値）。同期間に首都圏で供給されたマンション戸数（69万７４１８戸）の、なんと4戸に１戸が、いわゆるタワマンなのだ。

タワマンといえば、都心居住の代名詞。素晴らしい眺望、都心部へのアクセスの良さ、そして充実の共用施設など一般庶民には「憧れ」のマンションといわれてきた。しかし、今ではその希少性が薄れるだけでなく、タワマン独特の問題があちらこちらで叫ばれ始めている。

まだあまり話題になっていないが、築15年から20年を迎える物件で目立ち始めたのが、雨漏りの問題である。タワマンの多くが、首都圏でも湾岸エリアに立地している。工場や倉庫の跡地といった広い敷地を活用したものが多いからだ。海沿いは潮風が強い。そして高層建物であるために強風を受けて常に微小な「揺れ」が生じている。また日本は地震の多い国なので、建物はしばしば強い揺れにも襲われている。

この「潮と風と揺れ」は意外に曲者だ。コンクリートの継ぎ目や窓枠の目地には元来コーキング材などが充填されているが、経年とともに劣化する。とりわけ湾岸エリアは、その度合いが通常のマンションなどと比べものにならないほど激しいのだ。強風によって吹きつけられる潮（しお）はコーキング剤の劣化を早め、小さな揺れの連続は亀裂を促進させるからだ。

タワマンは、高層であるために修繕にあたって足場を組むことすらできない。したがって雨漏りが始まっても、必要な修繕が施（ほどこ）せずに放置状態が続くことになる。タワマンで窓枠等から浸水する被害に悩まされている住戸が多いのは、こうした要因によるものと言われている。

２０００年以降に建設されたマンションの多くが、東京五輪以降は築20年を超えて大規模修繕の時期を迎える。外壁の修繕には足場が組めないために、屋上からゴンドラを吊り下げての工事になるが、湾岸部で高層建物ともなれば、上空は常に風が強く作業日は限られ、工期は通常マンションの数倍かかるといわれる。

多くのタワマンでは大地震等での停電に備え、非常用発電装置が備えられている。いざというとき安心の設備であるが、これも経年劣化が激しい。築15年から20年程度で交換するにあたっては、1基数千万円から1億円の負担となる。

また、メンテナンスをしっかりと施さないと、その「いざ」というときに役に立たない。あるビル会社が東日本大震災の後、運営管理しているビルの非常用発電装置を実際に動かしてみたところ、多くの設備が規定通りの時間作動することがなかったという。それだけメンテナンスが難しい設備であるということだ。

タワマンに装備されているエレベーターは、超高速のもので、高性能であるぶん、更新する場合には大変な金額となる。普通のマンションのエレベーターがプリウスなら、高層用のものはポルシェのような差があるのだ。

今後、これらの問題をすべて負っていくのは、分譲したデベロッパーではなく、一人ひとりの所有者なのである。

築地市場の移転問題で、すっかり負の話題を提供されてしまった東京の豊洲であるが、豊洲に限らず、タワマンが林立する土地の多くは埋め立て地で、しかも以前の工場や倉庫などの跡地だ。大地震が発生したときは、多くの土地で液状化現象が生じることが予想される。

液状化で地下から噴出する「液」というと、あの豊洲市場の地下水を連想する人が多いのではないだろうか。自分たちがどんな土地の上に住んでいるのかも、クローズアップされるのだ。

実は昔からの東京人で、湾岸エリアのタワマンを買う人は少ない。このエリアの以前の姿をよく知っているからだ。お台場が東京だと憧れる、「東京を知らない地方の人」が買うのがタワマンなのである。

不動産を買うには、地歴（ちれき）が大切だ。地歴とは、昔その土地に何があったのか、どんな歴史が潜んでいるのかを語る重要な資料だ。タワマンは地歴で買うには「お買い得」ではけっしてないのである。

相続人が見つからない老朽化マンションの悲鳴

高齢者の単身世帯が激増している。

マンションにおける高齢者の単身世帯数については正確なデータが存在しないが、2013年度に実施された国土交通省の「マンション総合調査」によれば、東京都内のマンション世帯主のうち、70歳以上が世帯主である住戸が2割、50歳以上が7割を占める。現在では当然、事態はさらに深刻だろう。こうした現状からは、今後多くのマンション住戸が相続の対象となってくることが、容易に想像される。

かつては、親が子に残す財産で最も価値の高いもののひとつが自宅だった。不動産は財産としての価値が高い。つまり、相続人が「住む」こともできれば、人に「貸す」こともできる。最後には「売る」ことで現金にも換えられるということで、相続人の間ではこの親の残した自宅の相続をめぐって醜(みにく)いトラブル=「争続」問題が生じていた。

ところが、最近はやや状況が異なるようだ。都心居住が主流となる中、親の自宅を相続しても、自身で「住む」つもりはない。賃貸に出しても、築年数が経過したマンションでは住宅設備は古く、部屋の内装も時代遅れでなかなか借り手がつかない。かなりのお金をかけてリニューアルしても、立地に劣るマンションになると、満足な賃料で貸せるケースは少なくなっている。賃貸住宅の空き家は東京都内だけでもなんと59万8000戸も存在することが、この状況を物語っている。

親の残した自宅の不動産価値がそれほどでもないことに気づき始めた相続人たちは、むしろ現金や株式を優先し、不動産を敬遠して相続人同士で押し付けあうような場面も増えているという。

こうした状況で相続したマンション住戸。管理上でもやっかいな問題を引き起こしている。相続人がマンション住戸を相続したことを管理組合に連絡をしないケースが、増えているのだ。

親のマンション住戸を相続はしたものの、部屋内の片付けだけでも一苦労。住戸は傷(いた)みが激しく、賃貸するとしても相当額のリニューアル費用がかかる。ただでさえ欲しくもなかった住戸を無理やり相続した相続人は、その事実を告げずに放置、結果として管理費・修繕積立金が滞納となるのだ。

通常であれば管理組合は、相続人が確認できれば、当然のこととして相続人に対して管理費・修繕積立金の請求を行なうことになる。ところが相続人としての届け出が行なわれておらず、どこに請求してよいのかわからなくなるケースが発生しているのだ。

相続人を見つけ出して、滞納分を請求できても、相続人が外国住まいであったり、相続人が複数存在するとなると、各相続人間の共有財産ということでコミュニケーションが取れずに、なかなか思うように徴収できないケースも増えている。

首都圏郊外のあるマンション管理会社の社員は、最近の事情を次のように話す。

「最近は相続人の方をつきとめても、本人にマンションを継(つ)ごうという意識がさらさらありません。中には『困っているなら差し押さえでもして売ってくださいよ』と言ってくる人までいる始末です」

この相続人が言うように、最終的にはマンション住戸を差し押さえたうえで、競売等にかけて滞納分を回収していくというのが法律上の手続きとなるが、時代環境は変化している。

以前であれば、流通市場に出せば確実に売却できたマンションも、立地や築年数、設備の状況などによってはまったく買い手がつかないケースも出始めている。競売によって確実に滞納金が回収できるという保証は、どこにもない。

管理費の滞納が300万円、住戸内の後片付け費用で100万円、リニューアル費用で300万円、管理組合で計700万円かけて売却に出したものの、売れない。最終的に売却できた金額は400万円だったなどという事例も、珍しいことではなくなっている。差し押さえるための手続き、弁護士費用なども組合員から集めた管理費しか元手がない中、管理組合もおいそれと手が出しにくいというのが現状だ。

さらに問題がやっかいになってくるのが、相続人がいないマンション住戸の増加だ。「おひとり様」があたりまえになってきた日本社会。少子高齢化の進行は核家族どころか結婚をしない、兄弟、身寄りのない単身者の増加を招いている。こうした区分所有者に相続が発生すると、相続人がいないということになる。

相続人が存在しない、または相続人が全員相続を放棄した場合、マンション管理は家庭裁判所等が選定する相続財産管理人と対峙することとなる。つまり管理費・修繕積立金等の請求を、相続財産管理人に対して行なうこととなるのだ。通常、相続財産管理人を選定する場合は東京地裁などの場合、１００万円ほどの予納金を納付しなければならない。相続財産からあらかじめ差し引ければよいのだが、該当金額を引当できない場合はやはり管理組合の負担となる。

このような住戸は最終的には売却することによって現金化することとなるが、現実は予納金すら回収できないケースも見受けられるのだ。

こうした事態に対して、市場性がないのであれば無理に売却せずに、国庫に入れて国から管理費・修繕積立金を徴収すればよいという人もいるが、国が国庫として取ることは事実上ない。仮に国庫に帰属させたとしても法律上、国は「特定承継人」ではないので管理費・修繕積立金等を支払う義務はないということになる。

管理費・修繕積立金の滞納が多いマンションほど老朽化が激しく、市場における流通性に欠ける物件が多くなる。そうした住戸ほど誰も相続をしたがらない。相続を放棄する、相続をしても住戸を放置し、管理費・修繕積立金の支払いを免(まぬが)れつづける。売却しても債務全額の回収には程遠く、そもそも売却すら叶わない、こんな物件が今後急速に増加してくる可能性が高くなっているのだ。

マンション永住化などというが、世代を跨(また)いで価値が持続できない多くのマンションが、今後スラム化への道を歩む可能性が高いはずだ。そんなマンションに資産価値を求める現代人は、マンションというあやふやな共同体の持続可能性をよく見極(みきわ)めるべきなのだ。

築61年のマンション建て替えに見る、理想と現実

２０１７年、東京都新宿区四谷本塩町にある、日本初の民間分譲マンション四谷コーポラスが建て替えられることになった。

このマンションが分譲されたのは今から64年前の１９５６年。建て替えで解体される時点で築61年だ。ＪＲ「四ツ谷」駅から徒歩５分の好立地。外堀通りの喧騒からも離れた閑静な住宅街にある。延床面積は２２９０㎡（約６９３坪）、総戸数28戸。分譲主は日本信販株式会社だ。

マンション関連の法律の骨格をなす区分所有法が施行されたのが１９６２年であり、管理方法も含めてマンションというシステムがまだ構築されていない段階だったこと、かつ住宅ローンの制度がない中、日本信販による割賦販売という仕組みを導入しての分譲事業という意味で、このマンションの存在は日本のマンションの歴史その

ものといってもよいだろう。

このマンションの解体に先立ち、内部を見学させていただく機会を得た。地上5階建ての建物内部は、1階と4階にしか共用廊下がなく、メゾネットタイプの住戸を組み合わせた斬新な構成になっている。つまり、1、2階がメゾネットで組み合わせ、さらに4階を玄関として3、4階のメゾネットと4、5階のメゾネットを組み合わせた、昔流行ったルービックキューブのような構成の建物だ。

こうした形態を取ることによって、当時では考えられないほど広い70㎡以上の面積を確保した住戸を実現できたのだ。

築61年を迎える建物はさすがに外壁やサッシ、配管などの老朽化は目を覆うばかりだが、木製のサッシや住戸内部の建具デザイン、学校と見紛うような幅広の共用階段など、「レトロ」と呼ばれてもよいほどの趣を随所に感じさせる建物となっている。

建物に対する建築学的なノスタルジーは他者の評論に譲るとして、この建て替えがどうして実現できたのかを考えてみよう。

四谷コーポラスの管理組合では2006年から10年間にわたって、大規模修繕または建て替えの検討を進めてきたが、建物の耐震性の確保は難しいと判断し、建て替えの決議を行なったという。

現在、国内では約106万戸の旧耐震マンション住戸が存在している。国土交通省によれば2014年4月時点で、全国で建て替えが行なわれたマンションはわずか226棟にすぎない。

昔のマンションは規模が小さいものが多いので、1棟が平均50戸としても建て替えの恩恵にあずかった住戸は1万戸強。旧耐震マンション全体の1%ほどということになる。それほどマンションの建て替えは、さまざまな事情により進んでいないということだ。

本件は建て替えを行なっても、現状よりも容積率（土地面積に対して建設できる建物面積の割合）が1・2倍程度にしかアップしないという。28戸の住戸は建て替え後は51戸になり、このうち23戸が権利者住戸、残りの28戸が新たに分譲される予定だ。建て替えにはメリットは少なく、通常ではなかなか合意形成が図れないものと推察されるが、実際には権利者の9割が建て替え後のマンション住戸の床を持つことに同意した、とのことだ。

四谷コーポラスが建て替えを成功に導けた理由は、何だろうか。

1．立地

建て替え後のマンションにも十分な不動産価値があれば、分譲部分を高値で売却できる。高値で分譲できれば、建て替えにあたって区分所有者の追加負担は少なくなる。

マンションは、建物部分について経年で劣化してしまうので不動産価値はどんどん下落してしまうが、土地の価値が保たれている立地であるならば、建物さえ新しくすれば、現在の時価で販売することができるのだ。

2．区分所有者の多くが富裕層であること

建て替えにあたっては、区分所有者が経済的に困窮していないことが必要だ。高齢化等により健康を害していても、建て替え期間中は医療機関や他の施設に移転ができるなどの条件がそろうことも必要だ。また、容積率緩和が十分でなく、建て替えにより新たな追加負担を求められたとしても、負担できるだけの経済的余裕があることが建て替えを可能にする。

3.「代替わり」が行なわれていること

四谷コーポラスの区分所有者はその多くが、途中で第三者に売却されずに相続されてきたそうだ。そして二代目、中には三代目が実際に住んでいるという。棟内に展示されていたマンション内の写真を見ると、築30年以上を経過した1988年当時の写真でも、大勢の子供たちが棟内を駆け回る姿が写し出されている。相続された上で、子供や孫たちが実際に「住んでいる」ということは、マンションが故郷となり、所有者に愛されているということの証左だ。

4.コミュニティーが保たれていること

上記に加えて戸数がわずか28戸という小所帯であることから、「昔からよく知る」

建て替え前の四谷コーポラス

人たち同士でコミュニティーが形成され、しかも三世代にわたる老若男女が自分たちの資産であるマンションの不動産価値をアップさせるために、「建て替え」という手法を選んだことが容易に想像される。

さて、建て替え率1％のマンション。上記のような要素が備わった物件はどれほどあるだろうか。

郊外立地で子供や孫には見向きもされなくなったマンション、1棟が数百戸もあり中国人投資家が闊歩する湾岸タワーマンション、高齢者ばかりで何事も決められない管理組合、クレームばかりでコミュニティーに参加しない区分所有者の存在。

これらのマンションで、築30年を超えても3世代の老若男女が集い、築年数が60年の還暦を迎えるときに、全員で自分たちの財産を守り抜こうという気持ちになれるであろうか。

マンションを買うということは、「コミュニティーを買う」ことと同義なのだ。

負動産から腐動産へ～越後湯沢リゾートマンションの屍処理

2015年8月に私が『2020年マンション大崩壊』（文春新書）の冒頭に記した新潟県南魚沼郡湯沢町のリゾートマンションの状況は、当時大きな反響を呼んだ。その内容はおおむね以下のようなものだった。

1980年代後半から90年代前半の空前のスキーブームの影響で、越後湯沢の街には50棟以上、戸数にして約1万5000戸ものリゾートマンションが建設、分譲された。

当時は空前のカネ余り時代。ねこも杓子もスキーに興じるのがあたりまえだった。ゲレンデの前にマンションがあれば、なかなか予約がとれないホテルに宿泊するよりも、リゾートマンションを買えば、ゲレンデはわが物になる。誰もがそのように考え、その需要をアテにした多くの不動産業者が群がり、越後湯沢の駅前から苗場スキー場にかけてリゾートマンションが林立した。

バブル崩壊から30年がたとうとする現在、当時販売された多くのマンションの中古価格が10万円の値付けになっている。部屋の大きさとはほとんど関係なく「ひと声10万円」だ。分譲当時の価格からは１００分の１どころかそれ以下。バナナの叩き売りのような状況になっているのだ。

原因は、日本の少子高齢化や日本人のスキーに対する興味の減退だ。スキー人口は１９９３年の年間１８６０万人をピークに減り続けている。日本は少子高齢化の渦に巻き込まれ、若い世代の経済力は大幅に減退。スキー人口は２０１６年の調査では５８０万人。この23年間で３分の１以下に減少している（日本生産性本部「レジャー白書」）。

その結果、スキー場には閑古鳥が鳴き、必要がなくなったリゾートマンションの価格は暴落してしまった。ちなみに10万円とは、上場株式の株価でいえば１円を意味する。流動性がないゴミと一緒、ということだ。

さらにこうしたマンションで次に問題となるのが、所有者の多くが管理費や修繕積立金の支払いを滞納することだ。管理費が払われないことには、やがてエレベーターの保守点検もままならず、共用廊下の電気すら消えたままになる可能性だってある。ましてや大規模修繕なんてできるわけがない。使われなくなり、興味も持たれなくなったマンションは急速にスラム化していく。私が同書で警鐘を鳴らしたのは、こんな越後湯沢のリゾートマンションで生じている現象だった。

その後多くのメディアが、この越後湯沢のリゾートマンションの惨状を取り上げたが、一部リタイアした団塊世代などがマンションを買って住みついているという報道があった以外は、状況はほとんど変わらず、事態の解決には程遠い状況が続いていた。

このような、誰からも見向きもされなくなった越後湯沢のリゾートマンションの所有者に、最近奇妙なダイレクトメールが届いているという。そのダイレクトメールは東京のある不動産業者からのもので、宛名人である所有者に対して、「あなたの所有している部屋をマイナス180万円で購入します」という内容のものだ。

マイナス180万円という意味は、あなたが、買い手である私に180万円払ってくれるのなら、あなたのマンションを引き取ってあげてもよい、ということだ。よくいらなくなったものを他人に差し出すときに「熨斗紙付けてでも譲りたい」という表現が使われるが、ついに越後湯沢のマンションは「カネを払ってでも持っていってもらいたい」という代物になったということらしい。

ではなぜ、マイナス180万円なのかというと、その理由は以下のようなものだ。

まず物件価格は10万円である。マンションとしては無価値という意味での10万円だ。

問題はこれからだ。所有者は修繕積立金、管理費を2年間滞納していると仮定して月額5万円の24カ月分として120万円を売り手側に負担させるというもの。さらに部屋内の家具や家電類などの撤去費用で20万円、部屋の清掃費用や設備修繕費用で20万円、さらに本来は買い手側が負担すべき不動産取得税や登録免許税などの税金負担30万円も上乗せして計190万円。つまり、物件価格は10万円だが、引き取り費用190万円を差し引いてマイナス180万円で買ってあげます、ということになる。

多くのリゾートマンションで、管理費や修繕積立金の滞納が生じている。買い手側がこの負担を負いたくないので、未払い分を負担させることには理（り）がある。だが家具家電等の撤去費用や清掃費などは、かなりぼったくりの印象だ。売り手側で行なえばよいはずだが、売り手もすでに高齢になっていて、わざわざ越後湯沢にまで出向いて処理する、清掃するのも億劫（おっくう）だし、どの業者に頼めばよいかもわからないケースがほとんどだ。そんな状況にある売り手側の足元を見ているようにしか思えない。

それどころか、本来は買い手側にかかるはずの物件取得に纏（まつ）わる税金などの諸費用まで、ちゃっかり売り手側の負担にさせている部分などは詐欺（さぎ）まがいだともいえる。

最近世間では、「売れない」「貸せない」「自分も住む予定がない」、三重苦の不動産を「負動産」などと称（しょう）するようになった。まったく使い道がなくなっても、不動産は車などの耐久消費財とは違って、捨てることができない。いらなくなったからといって、この世からなくすことができないのだ。建物は解体できたとしても、土地はどんなに引っ掻（か）いてもこの世から消すことはできないのである。

ましてやマンションのような区分所有建物では自分の部屋だけこの世から消し去ることはできず、永遠に管理費や修繕費用を負（お）うことになる。このような状態になってしまうと、資産であったはずの不動産が、カネを垂れ流す面倒な「負債」に姿を変えてしまうのだ。

だが、この世の中、「捨てる神あれば拾う神あり」とも言われる。まさに、今回ダイレクトメールを送り付けてきた業者は、「拾う神」というよりも、負動産になるどころか、ほとんど腐りかけている「腐動産」に群がるバクテリアのような存在ともいえるだろう。

バクテリアは腐乱死体を食べてしまうので、死体は自然に還っていくはずだ。では、彼らの狙いはなんだろう。

おそらく、購入当初より30年以上がたち、すでに厄介者となっているリゾートマンションに困惑する（おそらく）高齢者と思われる所有者の弱みにつけこんで、カネを払わせて物件を取得する。そしてこれをリフォームして、スキーに興味を持ち始めた中国人にでも高値で売りつける作戦だと思われる。

オーストラリアや欧米からニセコや白馬にやってくる外国人富裕層のスキーヤーは、越後湯沢には興味を示さない。越後湯沢は雪質が重く、彼らの「いいね」は得られないからだ。いっぽう最近スキーを始めた中国や香港のスキーヤーは、東京から新幹線でアクセスできる越後湯沢なら、ただスキーをやりたいだけだから買ってしまう。平成バブル時の日本人と同じ思考回路だ。ここにつけこもうというわけだ。実際に最近では、越後湯沢のマンションを買いたいという中国などのアジア人が出始めているという噂も聞こえ始めた。

さて、実はこの話にはオチがある。業者が一生懸命送り付けてくるダイレクトメールは、ターゲットとするリゾートマンションの登記簿謄本を閲覧して、所有者として登記されている所有者宛に送られてきていると思われる。

ところが、最近では所有者の一部に相続が発生している。30年も前のバブル時代に買った中高年の所有者の中には、すでに亡くなっている人も多いのだ。相続人は、親が残したこんな出血続きのマンションなんて相続したくない。それでも相続はされてしまう。

結果、何をするか。登記をせずに放置しているのだ。相続登記をしなければ、相続したことを表明していないことになるので、外部からは雲隠れできる。最近は多くの

「負動産」が相続登記されずに、「所有者不明」状態に陥っている。マンションの場合は、管理組合に相続をした旨の連絡もしないので、管理費や修繕積立金が未納になっても管理組合は請求先がわからずに困惑しているのが実態だ。だからせっかくのダイレクトメールも現在の相続人の手元には届いていないケースが多いのだ。

買い手側も「半分騙し」だが、売り手側も「半分隠蔽」の構図にあるのが、この話の裏側なのだ。ついに始まった不動産の「腐動産」化。そこで登場するのが腐動産を喰いつくした挙句に、何も知らない新たな客に高値で売りつけるバクテリアたちだ。その先に買った中国人がどうなろうと知ったことではない。不動産屋という商売、楽しくて仕方がないのだ。

第2章

不動産新事情

「これから世代」の「家」の選び方

私の知り合いの都内の銀行支店長の話。

「いやあ、最近の若い方、すごいですよ。タワーマンション買いたい、とおっしゃって夫婦で6000万円、7000万円といった住宅ローンを組むのですよ。家を買いたい、という気持ちが強いのですよね。もちろん、融資の審査は通過しているので、ローンはお出しできるのですが、いやあ、驚きです。個人的にはどうなのかな、とも思うのですが」と言って、苦笑いである。

こんな話を聞いた数日後、私のところにも、家を買いたいという30代の夫婦AさんとBさん2家族からの相談があった。あまりに対照的な2つの夫婦の相談事、お付き合い願いたい。

Aさん夫婦は都心の一流上場会社勤務の共働き。子供は保育園に通う4歳と1歳の女の子。住んでいるのは、交通の便の良い都心の賃貸マンション。広さは55㎡。家賃は15万円だという。

二人の年収を合わせると1000万円ほど。なかなかの高収入といえる。

そんなAさん夫婦からの相談は、子供も増えて今借りているマンションが手狭（てぜま）になってきたので、東京湾岸部のタワーマンションを購入したい、とのことだった。価格は7500万円。こつこつ貯（た）めてきた貯金は夫婦合わせて1000万円強。これにフラット35を活用した住宅ローンで6500万円を借りて買いたい、との計画だ。

ローン返済額は、夫婦でそれぞれ借入れ。変動金利を使って期間35年にすれば、毎月の返済額は16万円強、ボーナス時は60万円。年間返済額は280万円ほどだ。

この低金利時代の恩恵で年収1000万円超の夫婦から見れば、十分支払えるレベルだ。なおかつ、住宅ローン減税による所得減税分が年間40万円あるから、実質の支払い負担額は向こう10年については年間240万円程度ですむ。現在の家賃は月々15万円、これは「買うしかない」というのが夫婦の結論になった、というわけだ。

そこで、物件や資金計画はともかくとして、なぜ家を買わなければならないかをはじめに聞いてみた。

奥さまは、やはりお子さんのことを第一に挙げた。

「このマンションが完成する2年後には、上の子が小学校でしょ。今の家は２ＬＤＫで部屋は狭いし、子供部屋も持ちたいのです。幸いマンションには保育園も併設されるみたいなので、子供を預けて通勤できるのもいいですよね」

「でも、年間２８０万円といっても35年間は長いですよね。大丈夫ですか」

と聞くと、

「ええ、たしかに。でもこれから給料は増えるだろうし、退職時に残債が少し残るけれど退職金で返してしまえばよいし、これからも生活は切り詰めて、そのつど、期限前返済もしていけば、なんとかなると思っています」

続いてAさん。

「僕も、人生が住宅ローンに縛られるのはちょっとどうかな、とは思っていますが、家族のためだし。それにローンを払っていれば、いずれ自分のものになるわけでしよ。この場所はオリンピック後も発展すると聞いたので、途中で売れば儲かるかもしれないじゃないですか。ま、それもありかな、って思ってるんです」

でも、どうして そんなに家を「買わなければならない」のか、そんな私の質問に対して奥さまは、

「たしかに大丈夫かな、とは思います。でも今買っておかないと、一生賃貸というのも不安なんです。だって、マンション価格はどんどん上がっているし、家賃を払っても自分のものには一生ならないわけでしょ。それに家族向けの賃貸住宅は、ろくなものがないというじゃないですか。歳取ると貸してくれないとも言いますし。ローン組むなら若いうちからのほうが返済は結果的に楽だと思ったんです」

私はこうした会話に、実は驚きを禁じえなかった。それはネット世代とも言われ、世の中のあらゆる情報を瞬時に取り入れ、それを活用しながら「しなやかな」生き方をする「これから世代」の彼らが、家については意外とステレオタイプな発想に留まっているからだ。

こうした買い方に対する、私から見た懸念は以下のとおりだ。

①マンションが竣工する2年後、東京湾岸の中古マンション相場が下落するリスクを考慮していない（途中で売却したときに売却損が出る可能性がある）

②夫婦共働きで1000万円。どちらかがリストラ、あるいは健康を害した場合の担保が何もない。もちろん夫婦仲が悪くなったときのことは、余計なお世話だが一切考慮していない

③東京都内であって、人口は逓増していても、年齢構成については今後、急激に高齢化して、家に対する実需は確実に減少する

④今後都内の団塊世代以上が保有する戸建て、マンションが相続の発生で大量に売却あるいは、賃貸物件として出回ることが予想される

⑤この世代は年金受給の受け取り時期の大幅な遅延と、支給額の減少が避けられない（退職金の一部でローンの返済を考えるのは非常にリスクが高い）

⑥35年後のマンションが老朽化した物件であること。マーケットの中で、このマンションがビンテージマンションになる可能性は低い

日々の買い物には一切の無駄なく、ネットを駆使しながら常に合理的な判断を下していく彼らが、

「いったい何のために家を持とうとしているのか」

という問いに対して、「今」という視点だけで、しかも35年もの先までのことを

「まぁ大丈夫だろう」という不確かな確信で、これからの人生で稼ぐおカネの大半（35年間で金利分を含めると9800万円！）を投じようとしているのである。

「金利」と「税金」の優遇は家を買わせるための「誘い水」であり、その誘い水に乗っかって、人生のすべてをローン返済のために費やすことについては、「これから世代」の人たちはもっと慎重になったほうがよいように思える。

誘い水をこしらえた国も、そしてさわやかな笑顔でセールスしたモデルルームの女性も、そして淡々と手続きをする銀行員も、これから膨大な時間をかけて返済をしていくあなたの人生に対して、さしたる興味があるわけでも、ましてや保証してくれるわけでもないのだ。

さて、同じように「これから世代」に属する別のBさん夫婦からの相談は、これか

らの時代を見据えた「しなやか」な住宅購入戦略だった。その内容をご紹介しよう。

私のもとを訪れたBさんは38歳。奥さまと一人娘の三人家族だ。Bさん夫妻は最初、Aさん夫妻と同様に新築マンションを探していたが、値段が高く、自分たちの予算に合う物件となると住戸面積も小さくなってしまい、決断できずにいた。あまり大きな借金も背負いたくない、でもできれば自分の家は持ちたい、と言う。そこで町の不動産屋に照会して中古物件を探したところ、彼らが希望するエリア内に築年数で20年たっている2世帯住宅があった。

築年数が古かったせいか値段はだいぶ安めだ。しかし最寄り駅には徒歩5分程度。周囲の環境も住宅地として申し分がない。近くにはちょっとした観光スポットもある。売主は従前、親子2世帯で暮らしていたのだが、息子さんご夫婦は海外に転勤、親御さんが亡くなり、相続するにあたって自分たちはもうこの家に住む予定がないために売りに出されていたものだった。

2世帯住宅の家の構造には、「同居型」と「分離型」の2種類がある。「同居型」

は、キッチンや浴室などを共用として、階を分かれて暮らすスタイル。「分離型」は各世帯でキッチンや浴室を持ち、壁を隔(へだ)てて暮らすものだ。この中古物件は、「分離型」とよばれるもので、1階と2階で別々の門扉(もんぴ)、玄関を持ち、水回りもすべて分離されたものだった。

実は、2世帯住宅の中古物件は、売りにくいというのが不動産屋の間では定説だ。中古マーケットで、親子で同時に家を探す人は少ないからだ。本件も案の定、当初の希望価格からはずいぶん値引きされていた。

そこで、Bさんに思い切って2世帯住宅を買われたらどうかとすすめてみた。価格は7500万円。

もちろんBさんには2世帯住宅を購入する意向はなかった。

しかし、ものは考えようだ。この物件の所在するエリアは、駅からも近く、賃貸マーケットでもまずまずの家賃が取れる。たとえば、この物件の2階部分にBさん一家が住み、1階を賃貸住宅として貸し出せば、現状のマーケットならば、家賃は月額で15万円以上は取れる。

Bさん夫妻が用意できる頭金は1000万円。Aさん夫妻のケースと同様に6500万円のローンが必要だ。35年ローンであれば、返済額は月額16万円強、ボーナス時は60万円。年間返済額は280万円になる。

ところが、Bさんの場合はローンの返済を、同じ家に住む借家人からの家賃でそのほとんどを補(おぎな)うことができてしまうため、Bさんには実質の返済負担は発生しないことになる。

この仕組みを即座に理解したBさんは、この2世帯住宅の購入を決断した。

また、購入後数カ月で1階の賃貸部分も、3歳のお子さんを持つ同世代の夫婦に賃貸することができ、「計画どおり」になったとBさんは、ほくそ笑んでいる。

Bさんの家選びの考え方を整理すると以下のようになる。

①家を選ぶエリアへのこだわりが強い

②ただし、過大な借入金は負いたくないと考えている

③家を自分たちが住むためだけの「消費財」と考えるのではなく、稼ぐ「資産」だと考えている

④実質のローン返済を家賃で賄うことで、フリーに使えるキャッシュを自分たちの人生のために残している

Bさんは、さらに同じ家の1階を貸しているだけだからと言って、特に管理会社に頼むことなく、1階部分についても自分たちで管理している。

「建物管理も自分たちでやってみると勉強になります。ここで稼いだお金とノウハウで、賃貸住宅に投資するのも悪くないかもですね」

エンジニアであるBさんによれば、ゆくゆくは自分が得意なITやAIを使って、家の中の空調管理や防犯管理もやりたい。立地がよいので、賃借人が退去したら、今話題の民泊もやってみたい、という。

では、Aさん夫妻とBさん夫妻の家選びを比較してみよう。

Aさん夫妻の家選びは、住宅ローンを夫婦2人で35年もの長きにわたって返済していく、これまでの親世代や祖父母世代がやってきたのと同じ方法による家選びだ。従来と異なる点は、返済エンジンが1気筒から2気筒となり、これに史上空前の低金利

政策の恩恵を受けて、借りることができるローン金額が飛躍的に増えたことだ。

しかし、住宅ローンは自らの給与債権のみを返済原資とするローンだ。夫婦ともに「今」の状態が35年の年月「変わらず」にいることが大前提でのローン返済ということになる。夫婦のどちらかに「何かがあった」場合、これを担保できる要素が、この計画には見当たらない。

いっぽうのBさんは、自分の家と賃貸資産を組み合わせることで、「返済原資を複数」持つことによって、返済負担を大幅に減らすことを考えて、ローンを組んでいる。

自らが住む家で稼ぐことができれば、多額のローンも怖くない。そして自分の貰う給与を、住宅以外の領域に充当することができる。

最近は、新築物件でも、賃貸との併用を考えた物件が出始めた。同じ地面の上、自分だけで住むのはもったいないというものだ。

ましてや自分の人生で稼ぐほとんどのお金を住むためだけの家にすべて使ってしまうという発想は、「これから世代」においては、あまり賢（かしこ）い生き方とは思えない。

人生は大切にしたいものだ。

サブリース事業に見る「甘え」の構造

2018年4月、女性専用のシェアハウス「かぼちゃの馬車」事業を行なっているスマートデイズが経営破綻した。この会社は首都圏を中心とした女性専用のシェアハウスを投資用不動産として、販売、運営を行なっていたもので、約700名の投資家に約800棟1万室を販売していた、という。

仕組みはいたって簡単だ。スマートデイズは投資家向けにシェアハウスが建設可能な土地を探し出し、これに建設業者を使ってシェアハウスを建築させ、投資用不動産として投資家に販売する。さらに投資家に購入させたシェアハウスの床を一括で借り上げ、シェアハウス事業で計上した収益から一定の手数料を差し引いたうえで賃料を支払うというものだ。いわゆるサブリース事業というやつだ。

その際、投資家の運用リスクを軽減するためにスマートデイズは賃料を保証し、投資資金をスルガ銀行との提携ローンで賄わせることで、誰でも気軽に不動産投資ができるように仕立て上げたのだ。

利回りは8％という高利回り。保証は30年という長期。誰でもちょっと計算すれば多少巨額の借金を背負っても保証がある限りは借入金の返済は容易だし、不動産投資は運営に伴う諸費用を経費で落とせることから、年収が800万円から1000万円程度の中堅以上のサラリーマンが飛びついたというわけだ。

ところが、この事業はいとも簡単に破綻する。あたりまえだ。都内で不動産事業を行なっていれば誰にでもわかる話だが、現在の都内の新築不動産で「利回り8％」で廻る物件など、ほぼ存在しないことは常識だ。

「かぼちゃの馬車」は女性専用のシェアハウスだが、そもそもシェアハウスは普通のアパートや賃貸マンションには経済的な理由などで入居できない人たちが、台所、居間、風呂、トイレなどをシェアすることで家賃を浮かせて住もうというものだ。賃料負担力のないテナントを多人数一緒にさせることで収益を上げていくビジネスだから、よほどテナント集めに苦労しないところでなければ成り立たない。

この「ありえない」利回りを実現するために、スマートデイズは新築シェアハウスを、販売時にあらかじめ建築見積費よりも高い金額で建築を発注し、業者から多額のバックマージンをもらい、この一部を保証賃料に充当していたのだ。

また、投資家に対してはテナントである女性からもらう家賃のみならず、ターゲットである地方から東京に出てきた女性の就職を斡旋することで収受する手数料も投資家の収益に充当して、「高利回り」であることを謳っていたのだ。すべてが「はりぼて」の商品構成である。

あたりまえだが、新規販売が順調なうちはなんとか成立する事業も、回転が止まったとたんに破綻する。この不動産投資に積極的にかかわり、債務返済能力が不十分な投資家に対して審査書類等を改竄してまで応じたスルガ銀行は批判の矢面に立たされ、経営陣が交替する事態にまで発展した。

こうした詐欺商法は、いつの世にも存在する。今回の事件は、私の知人の知人も被害に遭ったそうだ。彼はそこそこ大手の会社の管理職で年収は８００万円。１億円ほどの物件を全額ローンで購入し、利回り８％で30年の保証だったそうだが、運用開始後わずか3カ月で賃料はストップ。あわてた彼は実際の物件を初めて見学に行き、棟内に住んでいた入居者はわずか1名であることに、その場で気がついたのだという。

不動産投資に興味があったという彼は、これまでも投資用のワンルームマンションを1室所有していたのだが、「かぼちゃの馬車」は同じくワンルームマンション投資を行なっている知人から薦められたのだそうだ。

彼はこれとは別に住宅ローンも抱えているために、現在の負債総額は1億6000万円。「人生オワタ」である。

この事件の本質は、事業者側も投資家側も「サブリース」という事業に対する「甘え」があったということだ。

まず、事業者側が投資用のシェアハウスを実際の相場よりも相当の高値で売却した問題は置いておくとして、この事業が破綻した時点で、このシェアハウスのオーナーは投資家であり、このオーナーの床を借り上げているのはスマートデイズである。

この場合、あくまでもスマートデイズは借家人であり、借家人の立場は借家法によってきわめて借家人に有利なように守られているのである。つまり「賃料は保証した」ものの、実際の賃借相場よりも不相応に高く借りてしまったので、保証賃料を引き下げてほしい、というのは借家人としての正当な引き下げ事由になるのである。

また、最終的に賃料が支払えなくなってしまったのであれば、契約内容にもよるが、借家人は一定のペナルティーを支払えば賃借期間内での解約だって可能ではあるのだ。「いつでも都合が悪くなったらやめられる」という、事業に対する決定的な「甘さ」が事業者側にあったことは否めない。

いっぽうの投資家側だ。

こうしたケースをメディアでは、投資家の人たちを「騙された、いたいけな人たち」といった視点で報道するが、どんなものだろうか。なんのリテラシーもない高齢者や判断能力のない人たちが被害に遭うことはともかくとして、今回の被害者の多くが中堅以上のサラリーマンだという。これだけネットをはじめさまざまな情報を得る手段がある現代で、「利回り8%、30年保証」といった宣伝文句を鵜呑みにして、さして考えもせずに投資金額の全額を銀行で借りてしまうなどという行動を起こしてしまうことは、あまりに人生におけるリスク管理ができていないのではないだろうか。

賃料の保証がどこまでの保証であるのか、スマートデイズが本当に30年も保証できるほどの体力のある会社なのか、サブリース事業でこれまでどんな問題や争い事があったのか、少しの時間を使えば調べる方法はいくらでもあったはずである。それどころか、自分の給与収入を「何も苦労せずに」増やそうという「甘ったれた」考えゆえに、立ち直れないほどの大火傷（おおやけど）を負ってしまったと思えなくもない。

少なくとも投資する物件がある周辺のアパートやマンションの相場、周辺土地の値段については、公示地価や基準地価格をネットで誰でも自由に検索できる。建築費だってオフィスやマンション、アパート等の建築相場を調べる手法などいくらでもある。

どちらにも言えるのが、事業に対するリスクの考えが、あまりにいい加減であることだ。バブル崩壊後の1994年にリリースされたウルフルズのヒットソングに「借金大王」という曲がある。その中の歌詞「貸した金返せよ！　貸した金返せよ！」のリフレインが今、両者の耳にこだましていることだろう。

デベロッパーが恐れる、働き方改革

働き方改革が叫ばれるようになって久しい。厚生労働省によれば、わが国は、「少子高齢化に伴う生産年齢人口の減少」「育児や介護との両立など、働く方のニーズの多様化」などの状況に直面している中、投資やイノベーションによる生産性向上とともに、就業機会の拡大や意欲・能力を存分に発揮できる環境を作ることが重要な課題だとしている。

こうした問題認識のもと、厚生労働省は働き方改革について次のように定義づけている。

「働き方改革」は、この課題の解決のため、働く方の置かれた個々の事情に応じ、多様な働き方を選択できる社会を実現し、働く方一人ひとりがより良い将来の展望を持

てるようにすることを目指しています。（厚生労働省ＨＰより）

このスローガン自体は特に問題はないはずだったのが、具体策の中での裁量労働制の採用や時間外賃金の削減、長時間労働の是正などを巡って、国会での説明データの誤りなどが発覚し、野党やメディアにつつきまわされることとなった。

そもそも、当初は大手広告会社の新入社員の自殺や大手不動産会社社員の過労死などをセンセーショナルに取り上げて、働き方改革を推進する上での「仮想敵」をこしらえることで世論を味方につけようとしたのだろうが、やや拙速(せっそく)に事(こと)を進めようとして深みにはまってしまったような印象も受ける。

こうした騒ぎとは別に、今不動産業界ではこの働き方改革に「戦々恐々」なのだ。大手不動産会社の一角が「働き方改革」に逆行する対象として糾弾(きゅうだん)されたから「こんどはウチかも」といったような話ではない。「働き方改革」がどんどん進行していくと不動産業界の地図が様変わりするのではないか、という恐怖である。

最近都心部に続々竣工(しゅんこう)する新しいオフィスビルは、どれも航空母艦のような威容を誇る。今のところテナントの入居は順調のようだが、実は新しいビルを見学すると内部にシェアオフィスのスペースを設けているビルが増えてきていることに気づく。

シェアオフィスというと思い浮かぶのはオフィスフロアを細かく間仕切りをして、会議室などを共用部としてシェアし、また受付なども一緒にすることで会社のランニングコストを節約しようというものだ。

利用するのは、スタートアップしたばかりの企業が主体だ。起業はとにかく金がかかる。これまでは一人や二人で起業すると、普通のオフィスは借りられず、マンションの部屋などを借りてオフィスとして使用するのが関の山だったが、このシェアオフィスを利用すれば何かと便利。しかも他の起業家とも情報交換ができ、ビジネスにも役に立つというものだった。

ところが、最新鋭ビルに設置されるシェアオフィスは、どうもこれまでのシェアオフィスと様相が異なる。豪華すぎるのだ。そして利用料もめちゃ高だ。広々したロビーや高価な家具が置かれた打ち合わせスペースはもとより、ドリンクを飲みながらメールをチェックする、ちょっとした資料作成を行なうような利用者の姿が目につく。

運営するデベロッパーに聞くと、実は会員となっている企業にスタートアップ企業はほとんどなく、多くが大手企業だという。最近の大手企業は、1人に1つのデスクを与えて9時から5時まで座って勤務するような形態がどんどん減っているという。フリーアドレスといって自分のデスクを持たずに好きな場所で仕事する。ワークスタイルは今、劇的に変化しつつあるのだ。

大手企業がこのコワーキングスペース（最近ではシェアオフィスと言わずコワーキングスペースなどという）を使う理由は、自らたくさんのオフィス床を借りずに社員は「放し飼い」にして外に出し、コワーキングスペースに立ち寄って報告書や資料を作成させるためである。

また、新規プロジェクトなどを立ち上げる時も、社内にスペースは設けずにコワーキングスペースに数名の社員を放り込んで仕事させる。社内に部署を作らなくてもコワーキングスペースなら変幻自在だ。プロジェクトが思うように進まなかったとしても撤収は早い。

さてコワーキングスペースはおかげさまで大人気だが、「ちょっと待てよ」である。

大企業が社員にデスクを与えずに外に野放しにする「働き方改革」は、企業にとって広いオフィススペースは「いらない」ということになる。

情報通信機器の進化で、何も都心に出ていかなくとも自宅近くにコワーキングスペースがあればそこで仕事ができる。ひところサテライトオフィスが構想されて自宅近くで働くことが推奨されたが、うまく普及しなかった。だが、各社が節約して郊外にチンケなオフィスを構えるのと違って、この豪華なコワーキングスペースが立川や武蔵小杉、船橋、大宮などに設置され、他社の社員とも交流ができるようになれば、家の近くで十分ということにならないか。

完璧にそろえられた情報機器やサービスを存分に使えるのだから、もはや都心までえっちらおっちら通勤する人の数は激減するかもしれない。

そう考えると、デベロッパーにとっては「働き方改革」は夜も眠れぬ脅威に化けるのだ。都心に誰も通ってこなくなる。つまり都心に用意した巨大なオフィススペースが必要なくなることを意味するのだ。使い道がなくなった航空母艦ビルが、巨大なダンスパーティー会場になってしまうかもしれないのだ。

都心に通わなければ、これまで通勤に使っていた莫大な時間から多くの勤労者が解放される。余った時間を自分の暮らす街ですごすようになると、これまでのベッドタウンの機能だけで「駅から徒歩何分」と都心への利便性だけで選んでいた住宅の選択概念も大きく変化するかもしれない。あわや、今までのデベロッパーが作り上げてきた不動産秩序が崩壊するのだ。働き方改革恐るべし、なのだ。

相続人が苦しむ禁断の果実・リバースモーゲッジの功罪とは

最近、「リバースモーゲッジ」という言葉をテレビコマーシャルなどで耳にする方が多いのではないだろうか。リバースモーゲッジとは自宅等の不動産を担保に、極度額を設定し、極度額内で繰り返し借入を行ない、借入人の死亡時に自宅等を売却することで、返済をするというものだ。

高齢者で、自宅は所有しているものの生活資金が苦しい人にとっては、事実上自宅を「現金」に替えて、生活資金を捻出できる、というメリットが売り文句である。

このローンの良いところは、自宅を担保に入れて、返済は金利分も含めて、自身が死亡したときなどに一括返済すればよい、という点だ。

自分には愛着のある家だが、子供たちは都心のマンション住まいで戻ってくる予定もないし、ましてや自宅を引き継ぐ意思もない。それならば自分の家を「食いつぶし」て、死んだときに売却して返済すれば、何の後腐れもなく、豊かな老後生活ができるというものだ。

最近の相続の現場では、親の家は人気がないという。かつては「高嶺の花」だった郊外戸建て住宅は、今どきの共働きがあたりまえの子供世帯にとってはなんの魅力もない。相続されても管理や税金が面倒くさい。彼らが欲する親の遺産はもっぱら「現金」というわけだ。

それならばわかったよ。自分たちは老後資金もあまり豊かとは言えないから、自宅の「資産」としての価値分は、生活資金に繰り入れさせてもらうよ、というある意味、合理的な思想に基づいた考え方に則った商品がリバースモーゲッジ、と言えそうだ。

リバースモーゲッジは、そのまま自宅に住み続けることが前提なので、実際には郊外戸建て住宅を「脱出」しているわけではないのだが、資産価値を生活資金という領域に「脱出」させているというわけだ。

多くの金融機関のリバースモーゲッジ商品の案内を見ると、その仕組みはおおむね次の通りだ。

①住宅の担保価値を評価
②おおむね担保価値の50~70%程度の極度額を設定
③極度額の範囲で毎月利用可能額を設定し、繰り返し借入ができるようにする
④金利は住宅ローンなどよりも高い3%程度の変動金利
⑤返済は元利金合わせて期限一括返済または借入人の死亡時の一括返済
⑥相続人の同意が必要

ここで注意したい点は、担保に入れた自宅の価値だ。金融機関は一定期間（たとえば1年）ごとに担保価値を見直し、評価が下がったときは、極度額の変更、利用可能額の低減などを行なう。また、担保価値を下回った場合には、追加担保の差出や期間内での借入額の返済なども要求してくる仕組みになっている。

借入人が死亡したときは、自宅を売却して返済できればよいのだが、売れなかった

り、売却金額が、借入額に満たない場合は、その返済は相続人にも及ぶというところも、ポイントだ。

郊外戸建て住宅地は今、急速に高齢化が進み、都心居住が強まる中、その資産価値は下がりつづけている。とりわけ駅からバスでアクセス、都心まで一時間以上もかかるような家はいざ相続となった時に簡単には売却できない、というリスクが今後急速に高まってくることが予想される。売却できなければ、結局相続人である子供たちは、親の残していった、「やっかいものの不動産」と、そこにへばりついた膨大な借入金と、その利息の返済に悩まされることになるわけだ。

親は子供が興味のない家だから次の世代に残すのではなく、その資産価値を味わい尽くせばよい。子供から見れば、どうせ相続しても自分は住まないし、売ってしまえばよいと思っていたので好都合だ。「親は親、子は子」と考えがちだ。

しかしこの一見すると理にかなった、みんながハッピーなように見えるリバースモーゲッジ。相続が発生して、さあ売ろうと思った時に、「売れない！」「親の借入額以下でしか売れない！」という事態に遭遇した場合に、何が起こるのだろうか。

「親が勝手に借金しただけで、自宅を売ってしまえばそれでよいと思っていた」といくら叫んでも、金融機関からは「足りない分は相続人のあんたに払ってもらいましょう」という冷たい返事が返ってくるだけだ。

リバースモーゲッジの商品性をよく考えなければならないのは、実はこれから死んでいく親なのではなく、このリスクまでをも「相続」する可能性のある子なのである。

肝心なのは、リバースモーゲッジの結果として「借金まみれ」になった親の家を最後に売却して返済するのは、どこまでいっても子自身であるということだ。

ニコニコと銀行員の話を聞く親の傍(かたわ)らで「ま、親父の家なんだから好きにすればいいんじゃね」なんて鼻をほじっているバカ息子、アホ娘になってはならないのだ。

「賃貸」VS「持ち家」のくだらない論争は、そろそろやめにしよう

賃貸住宅に住んで家賃を払い続けるくらいならば、同じくらいのお金を払って住宅を「所有」したほうが良い。いつのころからこんな議論が、日本人の間で交わされるようになったのだろうか。

戦後、日本は高度成長の波に乗って経済大国への道をひた走ることになるが、躍進を支えたのが地方から東京、大阪、名古屋の3大都市圏に流入してきた大量の若者だった。

地方出身の彼ら彼女らは、都市部の学校を出て都会で就職し、家庭を築き、そのまま親が住む地方に戻ることがなかった。彼らが都市部で家を持とうとしたのは、地方では「家を持つことがあたりまえだった」からである。実は戦前は、都市部の人間はほとんどが借家暮らしで、家を持つという発想はそもそも希薄だったのだ。

つまり、地方の常識が、東京などの大都市での持ち家の需要を大幅に高めたのである。

1つのエリアに大量の人々が押し寄せて家を求めたことから地価は上昇し、彼らが買った戸建てやマンションは値上がりした。家を持てば資産になる、それを「住宅神話」と呼んだのだ。

でも、この理屈はもうとっくの昔に成り立たなくなっていることについて、多くの人が気づいているはずなのに、それでも家を買おうとするのが、「家賃を払うのはもったいないから買ったほうがトク」という議論である。

そこで、家を買って儲かるかという、「不動産投資」の観点から家の購入を考えてみることにしよう。家を買うのに多くの人は住宅ローンを利用する。今では最長で35年もの長期ローンを、頭金ゼロでも借りることができる。

しかし、35年もの債務を負って家を買う、というのは投資の観点から見たら「実に危ない投資」と言わざるをえない。なぜなら、この債務の支払い原資は、債務者（自分）の給料債権のみであり、家という「資産」が稼ぐ収益に基づくものではないからだ。これは通常の不動産投資と決定的に異なる点だ。

昔のように多くの会社が「終身雇用」を謳い、どんな人でもまじめに働きさえすれば給料は年齢とともに上昇するのであればよいが、今の時代、そんなことを保証できる会社はきわめて少数だ。それは、東芝やシャープが一時経営難に陥った事例などを見るまでもないだろう。

住宅ローンの債務者は、家自体を「生活する」という消費のためだけに使うので、債務の支払いを給与という自らの働きに依存せざるをえない。しかもこの債務は35年などという長期債務だ。その期間中債務者が元気に働ける保証はなく、また今以上の給与を稼ぐという保証すらどこにもないのだ。

こうなると夫婦共働きで「なんとか返します」などというのは、正気の沙汰とは思えない。この夫婦が健康でしかも「仲良く」あり続けることの困難さを棚上げしているとしか思えないからだ。投資の観点から見れば、実に危なく馬鹿げた投資ということになる。

それでも35年我慢して返済を続けた先に手元に残る家＝資産が、輝かしいものであれば投資は成功である。

では、自身が買った戸建てやマンションの35年後の姿を想像してみよう。想像が難しければ、現在築35年の戸建てやマンションを見学してみればよい。一部のビンテージマンションなどを除いて、多くの建物は「古ぼけた」「ぱっとしない」物件として目の前に鎮座していることであろう。これらの物件にどれほどの価値があるというのだろうか。

投資の基本は、買った資産からどのくらいの「運用益」が得られるかと、最後に売却した(これを「出口」という)場合にどのくらいの「売却益」が出るか、この総和が買った時の値段(投資額)に比べて高いか安いかで成否が決まる。

ところが家は自分が住む限りにおいては「運用益」はなく、出口での「売却益」のみが頼りだ。

家は経年とともに劣化していく。早く売却しなければ価値はどんどん落ちていく、これが投資の鉄則だ。マンションなどに投資する投資家のスタンスは基本5年以内であるのはこのためだ。

そして彼らは購入するために全額をローンなどでは調達しない。危ないからだ。運用期間中の不動産価格の変動に備えて、彼らの投資における負債（ローン）の割合は半分以下であることが基本だ。それに比べて、せいぜい10％程度の頭金しか用意しない住宅ローンの危うさがわかるはずだ。

さらにこれが自宅だと5年おきに住み替えなければならない。ご苦労なことだし、付き合わされる家族はまことに気の毒だ。いっぽう運用もしていない家を35年も持ち続けて売って利益を出そうというのは、壮絶な「博打（ばくち）」を行なっているのに等しい行為なのだ。

長期の住宅ローンを組んでまでも家を買いたい人は、その家が「絶対に欲しい」、そしてそのためのお金なら「どんな苦労をしてもかまわない」、と断言できる場合に限るべきだ。

賃貸住宅に住み、家賃を支払い続けることは、なにも「もったいない」という話ではない。家賃はあくまでも生活をするためのコストであるからだ。単身のときは、狭い部屋でもよいだろう。結婚して家族が増えれば少し大きな家に住めばよい、子供が卒業したら夫婦だけが暮らせる小さな家に借り換えればよいだけの話だ。子供なんかはすぐに大きくなるものだ。適当な時期で追い出せばよい。

こう考えれば、大博打である家の「購入」に拘らずに、生活するためのコストとして家賃を喜んで払うほうが、はるかにリスクの少ない生き方ができるというものだ。その割にきわめて多くの人が、いまだ家の購入という大博打を打っているようにしか私には見えない。

昔は家族向けの賃貸住宅がない、だから家を買わざるをえない、などとわかったようなことを言われた。でも安心してよい。3大都市圏に、高度成長期には地方からやってきた人々が購入した戸建てやマンションが大量に存在する。この人たちの多くが東京五輪後は後期高齢者になる。相続が生じる結果、大量の家族向け賃貸住宅がマーケットに供給される日も近い。

むりやり購入して一生分の稼ぎをせっせと「価値が落ちていく」家に払い込み続けることと、家なんて生活するためのコストと割りきって、住宅ローンで借りるはずだった金額を借りて別の投資用案件（不動産に限らずいろいろな投資用商品が世の中には溢れて

いる）に投資をしたほうが、はるかに豊かな人生を送ることができるようになること
に、やがて多くの人が気づく日がやってくるのである。

都内進学校と住宅選びの意外な関係

都立高校の、東京大学をはじめとする大学進学成績が伸びているという。これまで進学指導においては独自のカリキュラムを組む一部の私立高校が中学受験から優秀な生徒を集め、徹底した受験指導を行なうため、都立高校は受験には不利といわれてきた。

ところが最近の都立高校は、学校による特色を打ち出すことを東京都が容認し、進学指導重点校（日比谷高校など7校）、進学指導特別推進校（小山台高校など13校）、進学指導推進校（三田高校など13校）を置き、学校ごとに特別に進学指導を行なうようになってきている。こうした地道な取り組みが進学成績の向上につながり、一部の都立高校の人気向上につながったようだ。

公立高校の役割は本来、それぞれの地域の生徒を集め、高度な中等教育を行なうための学校であった。そして現在のように高度に交通網が整備されていなかった頃は、より地域性の高い存在であった。

都立高校は戦前の旧制府立中学や市立中学校、高等女学校などが母体となり、これに新制高校などが加わったもので、現在では186校（平成31年度）を数える。

もともと都立高校のトップと言えば、日比谷高校だ。日比谷高校は旧制府立一中で戦前から旧制第一高等学校に多数の生徒を送り出し、第一高等学校から東京帝国大学に進学するというのが日本のエリートコースといわれた。

これが戦後、学校制度が変わり、旧制高校が廃止されると新制の日比谷高校から直接、東京大学に進学する道が開かれた。そして「番町小学校→麴町中学→日比谷高校→東京大学」という新たなエリートコースが生まれたのだった。

だが戦後の高度成長が始まると、続々と地方から大量の人々が東京を中心とする首都圏に流入、その多くがサラリーマンとなって家族を持ち、定住するようになった。人口が増加するにつれて都心部の地価が上がり、都心にあった借家が次々とオフィスビルなどに切り替わるようになり、住宅は郊外部へと広がっていった。

この動きは昭和30年代後半くらいから顕著になるが、人口の郊外への拡大の波に乗ったのが、郊外にあった都立高校である。たとえば中央線沿線は東京の人口増加の受け皿となっていったが、新宿区の戸山高校、杉並区の西高校、立川市の立川高校などの大学進学成績が急伸していった。これらの学校は日比谷高校と並んで戦前の旧制府立中学、いわゆるナンバースクールで、東京都心に通うサラリーマンの子弟の受け皿として徐々に力をつけていったのだ。

東京大学への進学成績でも戸山高校や西高校も１００名以上の合格者を叩き出し、トップの日比谷高校に肉薄した。

郊外にサラリーマンの受け皿としての住宅を建設し、そこにサラリーマン家庭が居を構え、とりわけ大企業社員や官僚などが好んで住んだ山の手の中央線沿線で育った子弟が地元の進学校に通う構図が出来上がっていく。

こうした都立高校の「進学校化」は当時受験戦争を煽るものとメディアを中心に非難され、東京都の小尾教育長は昭和44年に新しい入学者選抜方式である学校群制度を導入する。

この学校群制度は「富士山から八ヶ岳へ」のスローガンを掲げ、都立高校に学区制を設けるのと同時に、学区内の都立高校を2校から3校ごとに学校群に編成した。受験生は希望する学校群を受験し、群ごとに合格者を決定されるというものだった。その結果、日比谷高校は、進学できる学区が千代田区、港区、品川区、大田区に限られたうえに九段高校、三田高校と同じ一つの学校群の中で選抜され、合格者はこの三校に平等に振り分けられたことから人気が分散してしまい、進学成績を落としていった。

学校群制度の導入によって、日比谷高校を頂点とするピラミッドは崩壊したものの、それぞれの学区内の中心となる進学校の位置づけは明確になった。特に2校編成の学校群となった22群の戸山高校や32群の西高校、72群の立川高校は日比谷高校の進学成績を上回るようになり、さらに中央線の八王子駅のある八王子市では八王子東高校が多摩地区の新たなエリート高校として登場することになる。

人口の郊外部への拡大は、これまで中央区や台東区、江東区などに住んでいた住民たちが都市化の流れに伴って郊外部へ脱出する。その結果、下町の名門校であった上(うえ)

野高校や白鷗高校、両国高校、墨田川高校などが支持基盤を失い、代わって登場し、どこからでも自由に生徒を集めることができる私立高校に優秀な生徒を奪われ、進学成績を落としていった。

こうした状況を受けて東京都では石原慎太郎知事の時代、知事が「高校生なんだから東京都内の好きな都立高校に電車やバスで通えばいいじゃないか」と言って都立高校の入学者選抜方式を大きく変え、現在は都内どこからでも「単独志願」で学校が選べるようになった。また小石川中等教育学校（旧都立小石川高校）のような中高一貫校の指定が行なわれるようにもなった。

そうした改革の結果、現在の進学成績の向上につながるのだが、現在の各高校の進学成績を覗くと興味深い事実が浮かび上がる。

たとえば2019年春の各都立高校の東京大学の合格者数を見てみよう。一時は東京大学合格者数が一桁台に落ち込んでいた日比谷高校の47名を筆頭に西高校19名、国立高校16名が続くが、注目すべきは都市部の学校で一時は進学成績が低下していた青山高校が10名、小石川中等教育学校も16名の合格者を出していることだ。いっぽう郊外人口の増加の流れに乗って進学成績を伸ばしていった立川高校は、２名に落ち込んでいる。

この現象から窺えることは、人口の都心回帰の動きが郊外部の高校の進学成績を落とし、都心部の高校に優秀な生徒が集まり始めているということだ。

私立高校でもこの動きは顕著だ。開成高校や麻布高校といった東京大学合格上位の常連校は除き、私立高校の間でも今は都心部の学校に良い生徒が集まる傾向にあるからだ。

渋谷教育学園渋谷高校は、同系列の幕張高校が72名の合格者を出しているが、渋谷高校も19名、本郷高校はかつて東京大学合格者リストには縁のなかった学校だが5名、早稲田高校30名、海城高校46名はいずれも新宿区の学校、豊島岡女学園29名は豊島区の学校、攻玉社高校15名は品川区西五反田の学校だ。

実は、こうした「人の流れ」によって学校の進学成績が変わることは、不動産の現場でよく遭遇するできごとだ。たとえば大手デベロッパーなどによって広大な工場跡地に開発された大規模マンションでは、教育熱心な家庭が一時に多数引っ越してくることから、街の小学校や中学校の生徒の姿が激変してしまうというものだ。

ある大手デベロッパーの大規模住宅開発地では多数のマンション住戸が分譲され、このエリアの小学校に大量の「新参者」の小学生が流入してきたことから地元の子と争いになったという。この開発地はもともと港町であったことから、漁業関係や港の荷揚げ業者の子息が中心だった。そこの学校につるんとしたお坊ちゃま、お嬢ちゃまが大勢入ってきたことから学校は大混乱となった。初めのころはやんちゃ坊主に泣かされていた新参者だったが、最後は多勢に無勢。次々と入学してくる新勢力によって、学校の偏差値はどんどん上昇。やがてはそのエリアの一番の成績を上げる学校になってしまったというものだ。

このように、有名進学校の盛衰（せいすい）には実は街の盛衰の歴史が隠されている。最近ではマンションを選ぶ際、地元の小学校の良し悪しを徹底的に調査する親が多いという。街選びは学校選びの時代になっているのだ。

不動産がＡＩオタクに支配される時代へ

時代はＡＩだ、ＩｏＴだと騒がしい。そしてこれらの技術革新が不動産の世界にも及ぶだろうということで、「不動産テック」なる造語まで登場してメディアを賑わせている。

こうした議論が起こると必ず面白おかしく取り上げられるのが、その業界で生きている人たちの仕事が消滅し、大量の失業者が生じるというネガティブな話だ。銀行員はそのほとんどが業務を失い、リストラされる、あるいは税理士業務のほとんどはＡＩにとって代わられるだろうなど、世の中は物騒な話でいっぱいだ。

さて、不動産の世界では何が起こるのだろうか。不動産という商品はこれまで「グローバル化」とか「技術革新」といった世界からはまったく無縁の存在だった。また不動産は、読んで字のごとく「動かせない」商品であることから、常にドメスティックな存在であり、国内の多くの業界が直面したグローバル化の波からも一歩距離を置くことができていた。

私が不動産業界に入ったころは、不動産会社に入る学生はおおむね「算数できない、英語できない」というのが通り相場だった。つまり不動産を扱うにはごちゃごちゃ理屈を並べるのではなく、必要なものは度胸とドタ勘だけ。不動産はいわば「とったもの勝ち」で、不動産価格は勝手に右肩上がりで上昇するものであるから、体育会でみっちり鍛えられた、交渉力があって勝負勘の強い学生が珍重されたのである。

だが、このシーラカンスのような存在だった不動産業界にも、2つの大きな流れがやってきた。1つが不動産の証券化による金融マーケットとのつながりであり、もう1つがＡＩやＩｏＴに代表される技術革新だ。

不動産の証券化は、不動産を金融という技術を使ってペーパー（証券）化することによって、不動産をよく知らない素人(しろうと)でも扱うことができる金融商品に仕立て上げることに成功した。不動産はそれまでは完全な玄人(くろうと)マーケットだったのである。つまり、一部の不動産会社やたまたま広い土地を所有していた地主が金融機関からおカネを借りてビルやマンションを建設し、テナントに貸し出すというのがビジネスモデルだったのだ。

ところがこれを金融商品にすることによって、世界中の投資家のおカネを集めてきて中古の不動産に投資をさせる、開発して新しいビルやマンションを建設するための資金を調達することが可能となったのだ。またREIT（リート）に代表されるように多くの不動産が証券化して、一口数万円で誰でもが不動産オーナーになる道が開けたのである。

こうした革命を通じて、これまで不動産業界人は「算数できない、英語できない」人間でも務まったのが、緻密（ちみつ）な収支計算のもとで利回りを算出して投資家に配当しなければならなくなり、外国人投資家には英語で彼らが興味を示す不動産の説明をしなければならなくなったのだ。

金融マーケットという日々変動するマーケットに翻弄され続けてきた不動産業界に、さて次なる革命の波が襲いかかってきている。「不動産テック」の波である。

不動産取引においては売買する場合でも賃貸する場合でも、不動産会社には重要事項説明という行為が必要になる。重要事項説明とは、取引に際して重要と思われる項目について、宅地建物取引士の資格を持つ者が、関係者の面前で説明をしなければならないもので、取引する人が遠隔地に住んでいても実際に足を運んで説明する必要があった。

スカイプなどが発達した現代においてこうしたシーラカンスのような業界のルールは、とりわけ日本の不動産を外国人が買い求めるようになると、取引上での大きな障害として指摘されるようになった。

国もようやく2018年の4月から、賃貸仲介に限ってネット上での説明を認めるように法律の一部を改正したが、売買についてはまだ慎重な姿勢を崩していない。

またネットを通じて不動産を売りたい人、買いたい人をマッチングさせる動きも活発になってきた。ヤフー不動産やソニー不動産などはマンション取引を主体に売主の仲介手数料ゼロを売り文句に不動産業界に蔓延る手数料主義、売り手と買い手を同時に囲い込む両手取引に殴り込みをかけてきている。

不動産は「2つとして同じものが存在しない」という特殊な商品であることから取引も複雑であり、こうしたネット上のマッチングを含め、ネット取引全般に対して否定的な見方をする人もあるが、私は不動産テックが今後不動産取引を活発化させることに、おおいに役立つのではないかと期待している。

とりわけ、マンションの中古流通はネットに馴染(なじ)みやすい。マンションの部屋は戸建て住宅などと違って、間取(まど)りも単純で住戸内の設備仕様を点数化しやすい。また同じ棟であれば建物としての条件がほぼ同じであるため、価格付けが容易である。大規模マンションであれば常に複数の住戸が流通マーケットで取引されていることから、すでに相場も形成されていることもネットに馴染みやすい理由の一つだ。

先日、私の事務所を訪れたネット業者からの相談には仰天した。彼らは都内の主要マンションのすべてを、ＡＩを使って診断し、住戸別に勝手に値付けして公表しようというものだった。これまでの中古市場は、間に立つ不動産業者が経験と勘を頼りに勝手に値付けして取引相場を作ってきた。それに対してＡＩ診断マーケットでは、自分が住むマンションが毎日株価ボードのように掲示され、それを見た買い手が所有者にアプローチができるというのが彼らの考えた仕組みである。

マンション相場が上昇期であれば、毎日自宅の含み益が上がるのをニンマリ眺めて楽しむこともできるが、下がっているときにはさぞかし気分が悪いだろうと、当初はこのアイデアにはあまり賛同できなかったが、どうだろうか。意外と多くの人が実は自分が住んでいる自宅の本当の資産価値を知らないのが現実だ。

上がっているときも下がっているときも、常に冷静に自らが持つ不動産の価値を目にすることができれば、売買や賃貸もスムーズに決断できるのではないだろうか。

また診断技術が上がれば、自宅にしっかりとお金をかけてリニューアルを行なうことで、お隣りの住戸よりも高く評価されることを実感できるかもしれない。不動産テックが不動産の流通市場をおおいに活性化させることにつながるかもしれないのだ。

さて、不動産の証券化の進展で「算数できない、英語できない」不動産社員を追いやり金融マンが席巻した不動産業界で、今度は彼らがＡＩに追いつめられることになる。

将来不動産業界を闊歩（かっぽ）するのは、金ぴかブレスレットに派手なラメ入りのスーツを着た地上げ屋のオヤジでも、眼鏡をかけた、痩（や）せて神経質そうな金融マンでもなく、理科系ネットオタクで日本語もしゃべれるのか怪しいような種族が開発したＡＩになっているのかもしれない。不動産新時代の到来である。

不動産は、揺さぶれば儲かる打ち出の小槌

「値上がりするマンション、値下がりするマンション」「地価が上がる町、下がる町」。週刊誌などでは住宅価格の上下動を特集する号の売れ行きが、大変よいのだそうだ。

私のところにもよく同様のテーマについて取材がくる。自分が所有している家やマンションの価格の上下動や、家の選択にあたってその家や地域の今後の価格の上昇を期待するのは、相変わらず日本人の多くが「家は所有していれば値上がりする」、つまり「家は財産である」というステレオタイプな概念から一歩も抜け出してはいないことの証左だ。

自宅の不動産価格が上昇することには、どんなメリットがあるのだろうか。

自営業者はともかく、普通の勤労者の場合は新たに事業を行なうわけではないの

で、不動産の担保価値が上がることに、直接的なメリットはない。むしろ地価の上昇はゆくゆく土地評価額の上昇につながり、固定資産税や相続税の負担が高くなることが懸念されるだろう。

自宅を投資だと割り切ってみればどうだろう。買った値段よりも売る値段が高ければ、儲かる。毎月の給与と年2回程度の賞与、そして退職金くらいしかまとまった額の金銭的な楽しみがない勤労者にとって、売って儲かることは楽しいことと思うだろう。

しかし、売買の対象が自宅であれば、売った際には家族は家を出て別の家に引っ越さなければならない。引っ越した先でも自宅を「買う」のであれば、儲かった金も含めてふたたび不動産に金を突っ込まなくてはならないことになる。

投資であれば「売り時」は大事である。「含み益」だけを見てほくそ笑んでいるのは、少なくとも投資家としてはド素人だ。本格的な投資行動ともなれば、配偶者の都合や子供の学校なんてかまってはいられないはずだ。プロの投資家であれば、さっさと売り払ってまた「売り時」をじっと待つことになる。家族は、常にあなたの投資行動の決断に怯（おび）えて暮らすことを余儀なくされるかもしれない。

いっぽうで、自宅は「住む」だけのためのものと割り切ってみればどうだろうか。住宅の「買い時」は必ずしも値段の上下動する時期とは関係がないはずだ。自分や配偶者の勤務先へのアクセス、子供の年齢や学校、実家との距離、周囲の環境など「投資」ではなく、その家や地域に住むという「効用」を判断ポイントとするべきだ。

本当に気に入った家や地域であり、自ら納得した価格と、住宅ローンの予定返済額を確実に返済できると考えるのならば、「家が欲しい」と思った「今でしょ」が買い時とも言えるのだ。

またこのように割り切れば「住む」ことは、何も買わずとも「借りる」という選択肢も出てくるだろう。人間の生活の基本は「衣食住」と言われるが、「衣」と「食」は誰しもが「消費」と考えて疑わないのに、「住」と考えた瞬間「財産」あるいは「投資」として儲けることを考え出すのもある意味滑稽（こっけい）な話だ。

私自身、長く不動産の世界に身を置いてきたが、つくづく思うところがある。「不動産は揺さぶれば揺さぶるほど、ポロポロお金がこぼれてくる」という事実だ。

つまり、不動産を投資と考えるならば、当然儲からなければならない。そのためには相場を見据(みす)え、タイミングに合わせて迅速に決断し、売買しなければならない。売買をすれば投資家であれば売却益、不動産売買仲介業であれば仲介手数料を得ることができる。

また賃貸物件でもこれを取り扱う仲介業者にとっては、アパートや賃貸マンションの出入りが多いほど、仲介料やコンサルフィー、部屋の原状回復工事費などの収入を得ることになる。

つまり不動産はじっとしていても儲からないが、思い切り揺さぶる(売買する、賃貸借人が入れ替わる)と、お金が落ちてくるのである。

実はこの不動産屋の「儲けの論理」が、冒頭の「上がるマンション、下がるマンション」の問いに対する回答だ。

皆さんが知りたい不動産の上がる家や地域の構成要素は、たった2つだけなのだ。

1. 国内外の投資マネーが流出入を繰り返す地域の不動産

この地域では投資マネーがふんだんに流れ込んでくるので、旺盛な買い需要と、その買い手に対して売って儲けようとする売り手が交錯して、不動産は激しく揺さぶられるのだ。

つまり、このゲームに打ち勝てば当然儲かる。ただし、投資マネーは「移り気」だ。最近の不動産は証券化も手伝って激しく価格変動するようになっている。気が付いた時には投資マネーが一気に去って価格が暴落することもあるだろう。

そんな時でも、またいつかやってくる投資マネーを待つくらいの余裕がなければ、こんなに恐ろしいリングには真面目に登場などしないほうが良いだろう。しょせん素人はプロには勝てないのだから。

2. 新陳代謝のある地域の不動産

地域に流入してくる人（転入者）と流出する人（転出者）が多い地域は、基本的に不動産がよく揺さぶられていることになる。

転出者は不動産を売る、あるいは賃貸借契約を解約する。転入者は不動産を買う、または新たに賃借して地域に転入してくる。転入者は新住民となって家具を買い、新しいお店を探検する。

つまり地域の消費が活発になる。活気のある地域の不動産は値段が上昇する。不動産は無類の寂しがり屋なのだ。

この2つの法則さえ知っていれば、基本的に不動産の値上がり値下がりを判断するのは難しくない。もっとも、残念なことに日本中でこの法則のいずれかを満たすエリアは、今やほんの一握りだ。価格など気にせず自分の選んだ家や地域をエンジョイしてもらいたいものだ。

空き家と所在不明土地～不動産放置プレイの蔓延

２０１７年12月、一般財団法人国土計画協会の研究グループ「所有者不明土地問題研究会」（座長増田寛也・東京大学公共政策大学院客員教授）が発表した最終報告は、日本国内に九州の面積に匹敵する４１０万haもの大量の所有者不明土地があること、このまま何らの政策を講じずに放置するならば所有者不明土地は増加を続け、やがては北海道全土の土地に匹敵する面積となって多くの問題を引き起こすことを提言し、日本社会に大いなる警鐘を鳴らした。

不動産は実需に裏打ちされた「役に立つ」不動産もあれば、投資マネーの思惑に翻弄されながら価格の上下動を激しく繰り返していく「金融商品」のような不動産もある。そして、現在問題となっているのが、誰も見向きもしなくなった「打ち捨てられた」不動産が世の中に蔓延りだしていることだ。

これらの土地は相続の際に登記をされてこなかったために、時代の経過とともに権利が分散し、真の所有者が誰であるかわからなくなっているのだ。数十年も前に登記した形跡があるものの、現在の所有者が誰であるか不明であるような登記簿も、現実にはたくさん存在している。この原因は不動産の登記が義務ではなく、あくまでも第三者対抗要件といって、他人に対して自分が不動産を所有していることの表明を自発的に行なっているのにすぎない。

登記にあたっては登録免許税などの税金も課税されるので、価値のある不動産ならまだしも、親から引き継いだ地方の山林や畑などは、多くの相続人が登記をせずに放置しているのが実態だ。

研究会の報告では、所有者不明土地が引き起こす問題として、道路の拡張などの公共工事を行なう際に、対象となる土地の所有者全員の同意を得るのに所有者を完全に把握できない、震災復興で高台住宅を開発しようにも候補地の所有者がわからずに同意が得られない、崖崩れ防止工事を行なう際に裏山の所有者が不明で手が付けられない、などといった具体的な事例を挙げて問題の深刻さを指摘している。

しかし日本の将来を考えると、この所有者不明土地の問題は、公共工事だけの問題ではなくなってきそうだ。

これからの日本で確実に起こる「多死社会、大量相続時代」は所有者不明土地の拡大につながり、不動産市場に大きな影響を及ぼすものと想定されるからだ。

つまりこれまでの、人口が増加する、あるいは都市部へ集中する、そして経済成長が続くという環境のもとで、実需に基づき価格形成が行なわれてきた不動産市場が、今後は機能しなくなり、社会で取り残される家が大量発生することが見込まれているのだ。

今後、首都圏郊外を中心に団塊世代の相続が大量発生することが予想される。団塊ジュニアは相続した郊外部の家の処理に困り、空き家のまま放置せざるをえなくなる状態に追い込まれる。家は放置しても、固定資産税などの税金の負担を余儀なくされる。またしばらく放置状態を続けると木造家屋は急速に傷み始める。敷地内は雑草が生い茂り、樹木は枝を伸ばして隣家との境界を平気で跨いでいく。

今後の不動産市場を考えるならば、特に郊外ニュータウンなどにある親の家は早期に売却しないと、永遠に相続人の手から離れない存在になる可能性が高い。

ところが、親の家というのは意外とやっかいなものだ。兄弟姉妹で相続をして持ち分を共有で持っていたりすると、売ろうという決断ができなくなりがちなのだ。「親の想(おも)い」が詰まった家だからといっても、相続した子供たちは使うあてもなく、さりとて賃貸に出しても借り手がいないような家なのに、結局兄弟間では「売る」という判断ができないままに、家は放置プレイ状態に置かれる。

しかし、このドラマはこれで終わりではない。おそらくもう数年もたつと、この家のあるエリアのほとんどで相続が発生する。エリア内を歩いても人っ子ひとり歩いていないゴーストタウンとなり、管理が行き届かない家は草木が生い茂り、エリア全体がスラムのようになっていく。こうなるとさらに家は売れなくなる。廃墟の群れに変わり果てるだけだ。

そして、この家は相続した兄弟姉妹にもやがて相続が起こり、彼らの子供へと否応(いやおう)なしに引き継がれていく。この頃になると、相続人である子供も親が残した厄介ものの家に関心を示さなくなる。それどころか相続したことを登記すらしなくなるのだ。

この繰り返しがやがて「所有者不明土地」となっていくのである。

すでに地方のボロボロになった空き家などは、所有者がわからなくなった家が大半で、自治体が行政代執行で空き家を取り壊しても、その解体費を請求する相手がわからないといった事態が頻発しているという。

こうした状況は地方だけの問題ではなく、今後時間の経過とともに確実に首都圏郊外などでも深刻な問題となってくることが予想される。

所有者不明土地問題は、土地だけの問題ではない。まったく同じ状況はマンションでも発生するのだ。

マンションが厄介なのは、マンションは区分所有者によって1棟の建物を所有していることだ。すでに老朽化した一部のマンションでは相続が発生したことを相続人が管理組合に届けずに、管理費や修繕積立金の滞納が始まり、請求しようにも相続人が誰であるのか、皆目わからないなどといった事態が生じ始めている。

管理費の滞納や修繕積立金の不足は、マンションの資産価値に影響を与え、所有者全体の問題として降りかかってくる。

不動産バブル再来などという景気の良い話がある裏側で、まったく誰のものかがわからない「名無しの権兵衛」不動産がむくむくと成長している。しかるべき対策を取らない限り、不動産がゴミのように放置され、誰も見向きもしない所有者不明土地が社会の発展を阻害し、やがては美しい国土を荒廃させていく元凶(げんきょう)となる日がやってくるのだ。

墓ビルに忍び寄るスラム化の危機

毎年、お盆の季節はふるさとに帰省する客で鉄道や飛行機、高速道路などが混雑する光景が「お決まり」の映像としてメディアを賑わせる。

お盆のそもそもの目的は、先祖のお墓にお参りして、その霊をなぐさめるところにある。帰省客のどれだけが、実際に墓参りを行なっているかはわからない。どちらかといえば地方出身者は、墓参りとは別に、親戚への挨拶や卒業した学校の同級生が集まって、互いの状況を語り合う場になっているのが実態かもしれない。

理由はともあれ、人間誰しもが亡くなれば入居するのが墓である。

日本の人口は、２０１５年の国勢調査で初めて減少に向かっていることが発表された。人口が減少する理由は、生まれる赤ちゃんの数より亡くなる人の数が多い、つまり「人口の自然減」の状態に日本があることを示している。

２０１７年の出生数は94万１０００人だったのに対して、死亡者数は１３４万４０００人。なんと日本は、人口の自然増減においては年間で40万人もの純減を記録している。

実際の日本の総人口は22万人ほどの減少と発表されているが、この差は在留外国人の数が急激に伸びているからである。今や日本の人口減を一生懸命外国人在留者の伸びという「社会増」で補(おぎな)っているというのが現代日本の姿なのである。

さて、日本は高齢化社会に突入したといわれているが、この影響は今後死亡者数の激増という形で社会にさまざまな問題を投げかけてくる。１９６６年（昭和41年）の日本の死亡者数は67万人と戦後最低を記録している。当時の日本は、戦後生まれの男女が世の中を闊歩(かっぽ)する若々しい社会だったのだ。

それがこの50年間で、死亡者数は倍増したことになる。医療施設が整い、高齢者施設が数多く建設され、長寿社会が実現したとはいえ、人間、いつかは死ぬ。そしてこれからの日本は「死ぬ」可能性の高い人が激増する状況にあるのだ。

厚生労働省の予測によれば、２０４０年には死亡者数は１６６万人と今よりさらに

24％も増加するとしている。それもそのはずである。2017年9月、厚生労働省の発表によれば、現在国内では80歳以上の人口が1002万人。対前年比で38万人の増加となり、初めて1000万人の大台を超えたという。さらに90歳以上の人口は206万人、100歳以上の人口でも6万7000人となっている。どんなに長寿社会になるからといっても、この数値だけから判断して今後20年くらいの間で1000万人近くの人が亡くなっていくことは、誰が見ても明らかだからだ。

いっぽう現在、日本の人口の約3分の1が東京、神奈川、千葉、埼玉の1都3県で構成される首都圏に集中している。つまり、今後は首都圏での死亡者数が激増することが、容易に予測できる。ところが、首都圏で墓地として提供できる土地は少ないのが実態だ。

墓を持つ側のニーズにも変化が表われている。墓地といえば、これまでは地方の実家の周りにある、あるいは郊外の山などを造成して開発した霊園に多く存在したが、こうした施設に対する不満も多い。年に数回の墓参りに行くにも遠くて交通利便性に欠ける、墓参り時の天候に影響を受ける、墓の清掃や雑草取りなど手間暇がかかる、土地使用料や墓石代などの費用が高いなどといった理由が挙げられている。何事にも合理的に考える世代が台頭していく中で、既存の施設に対する不満が高まっているのである。

このような状況を反映して現在人気なのが、墓ビルである。墓地の形態をとらずに建物の中に収容をする納骨堂は何も今に始まったものではないが、最近増加しているのが、ビルを建てるか既存のオフィスビルやマンションを改装して、建物全体をお墓の収用場所にしようというものだ。墓もマンションのようにみんなで「一緒に住む」という時代になったのだ。

墓ビルではハイテク化も進んでいる。以前は建物内に棚を設(しつら)えて骨壺などを並べるだけの簡素なものだったのが、機械化され参拝者は決められたブースに来てＩＣカードで登録番号を読み取ってもらい、該当する塔婆(とうば)などの一式が目の前に出現するのを待つ。まるで銀行の貸金庫室に行って自分の金庫を取り出すような感覚だ。線香などもあらかじめ備わっているので、手ぶらで参っても大丈夫。何事も手軽に済ませられることも人気の秘密になっている。

費用も墓地であると区画にもよるが、墓石などを含めるとなんやかんやで200万円から300万円程度はかかってしまうが、自動式納骨堂であれば100万円程度。永代使用権や永代供養なども含まれているものが多いので安上がりである。

また近年は少子化が進み、「おひとりさま」需要も増える中、墓守をする後継者がいない人にとっても負担が少ないといえそうだ。

さて一見すると良いことずくめの墓ビルであるが、実は多くの問題を抱えている。墓地は土地の中に収容されるスタイルであることから、土地が永遠に存続する限りにおいては墓としても永久に存続していくことが前提となる。ところが建物内に収まっている墓ビルは、当たり前のことだが、建物は「永久不滅」でないということを考えなくてはならない。

墓ビルは建物内を自動化して収容力を高めている。中には1棟で1万基もの収容力を持つビルまであるという。1基100万円だとして1万基で100億円にもなるのだから、おいしいビジネスともいえる。だがこれらも「満杯」になった後はひたすら「管理」していくことが必要になる。一般的には管理費などを徴求する形をとっているが、さて管理費はいつまで取ることができるのだろうか。最初に永代供養としてまとまった費用を徴求できたとしても墓守は永遠である。

建物は「有限」であることから、当然のことだが大規模修繕も必要になる。50年、60年先には「建て替え」も必要となるかもしれない。そのときこうした費用はどこから出ていくのだろうか。墓ビルに対しては宗教法人施設の敷地内限定とする、あるいは宗教法人が一定以上関与する法人の所有に限定するなど、規制を施す自治体もあるが、どのようにして建物を維持管理していくのか、まだ不透明な部分も多いのが実態だ。

維持費用が途絶え、誰も管理せず、放置されるような墓ビルが将来都内のあちこちに出現したらどうなるのだろうか。墓ビルが「スラム化」してお化け屋敷になるなどという笑えない話にもなりかねないのだ。永遠に存続することができない器に「永久に存在するはずの」お墓を管理していくことの矛盾に、まだ多くの墓ビルが気づいていないのだ。

法律改正というビッグボーナスに躍る不動産業界

２０１９年11月１日、渋谷に新しい再開発ビルがオープンした。渋谷スクランブルスクエアだ。

この開発は「渋谷駅街区開発計画」の一環でＪＲ東日本、東急電鉄、東京メトロが推進している計画の第１期工事にあたる部分だ。この建物は、開発地の東側、２０１２年４月に開業した「渋谷ヒカリエ」と明治通りを挟んで向かい合う。渋谷駅のほぼ真上となる中央棟、東急東横店があった場所の上にあたる西棟は２０２８年の完成を予定している。工事ばかりが続く渋谷駅周辺で、ようやくお目見えした駅再開発事業の顔となる建物である。建物は地上47階地下７階。延床面積18万１０００㎡の巨大ビル。３階部分でＪＲや東京メトロの駅と接続。地下２階から３階のアーバンコアを通って東急東横線、田園都市線、東京メトロ副都心線、半蔵門線に接続される。

また地下2階から地上14階部分には2万５０００㎡の商業施設（２１２店舗）、17階から45階がオフィスとなりミクシィやサイバーエージェント、ＺＩＮＥなどのＩＴ系テナントの入居が決まっている。45階から上は展望施設となっており、屋上部分の「渋谷テラス」からは渋谷の街を一望できるとの触れ込み。ちなみに展望料金は大人1名で２０００円。東京スカイツリーの３０００円は日本一高い眺め（地上４５０ｍ）だからまだしも、せいぜい地上２３０ｍで２０００円は驚きの価格だが、11月中は既に予約でいっぱいだった。

たしかに、ビルの屋上を開放して展望施設にする事例はあまりない。ビルの屋上部は多くの場合、空調機械などビル設備で埋め尽くされ、また防犯上の問題もあって一般には開放していない。せいぜい屋上緑化であまり値（ね）の張らない樹木や植物を植える程度が活用方法だった。

そこに不特定多数の顧客を招き、屋上からの眺望を楽しんでいただこうというのは、斬新な発想だといえる。タイのバンコクにあるウェスティンホテルの屋上には屋根のないトップバーとレストランがあるが、日本では百貨店の屋上に夏季期間中にビアガーデンなどを設置する程度が、これまでの利用法だった。

もちろん屋上部分は天候の影響を受けるので、この建物では屋内からの展望施設も用意し、渋谷の景観を楽しんでもらうために贅(ぜい)の限りを尽くしている。

だが実は、こうした展望施設を惜(お)しげもなく用意できていることには、大きな理由がある。展望施設は今回1名2000円の料金を取るというが、収益性という観点から考えるならば、オープン当初は大勢の顧客が来場するかもしれないとはいえ、中長期的に高収益を期待できるような施設とは言えない。

そうした施設をわざわざ設けてくれるのだからずいぶんと太っ腹、大盤振る舞いのように見えるが、これには理由がある。2014年の7月に実施された建築基準法の改正である。このときの改正には、実は建物を建設する際の規制となる容積率（敷地面積に対して建設することができる建物の面積の割合）に手心が加えられたのだ。

これまで容積率の対象となる建物の床面積にはエレベーターのシャフトの空間部分、つまりエレベーターのカゴおよびカゴを囲むシャフト部分の面積については建物の「床」としてカウントされてきた。

たとえば1台のエレベーターが1階から50階まで行き交う場合の計算はこうなる。エレベーターにはいろいろな大きさがあるが、東芝製乗用エレベーター15名定員の昇降路は縦2・15m、横2・15m、面積にして4・62㎡、約1・5坪の面積がある。これまでの基準法では50階建てであれば50層分の床がある、つまり230㎡（約75坪分）を容積率に含まれる「床」としてカウントしてきた。

改正したのは、従来は「床」としてカウントされてきたエレベーターの床部分を容積率の算定にカウントしないことにした点だ。

一見すると大した面積には見えないかもしれないが、通常の超高層オフィスになるとエレベーターは30台以上設置されている。もちろんすべてが最上層階までシャフトはつながっていないが、この面積は建物延床面積のおおむね3％から4％に相当する。つまりたとえば床面積15万㎡（約4万5000坪）のオフィスであれば、4500㎡から6000㎡の「床」を容積としてカウントしなくてよいということになったのだ。これは超高層オフィスの優に1フロアから2フロア程度の面積に匹敵するのである。

この改正は2014年7月からであったために、当時建設を進めていた多くの超高層オフィスビルで建築申請のやり直しが頻発した。２０１７年８月に竣工した赤坂インターシティＡＩＲは２０１４年９月に着工したが途中で計画を変更して、37階建てを38階建に変更、床面積も17万５０００㎡から17万８０００㎡に約１・７％「嵩上げ」している。また２０１８年１月竣工の太陽生命日本橋ビルは２０１４年11月に着工したのだが、途中で計画変更。26階建てから27階建てにやはり１フロア積み増し、面積にして約３・５％膨らませている。渋谷スクランブルスクエアも同様だ。当初は床面積を17万４０００㎡にしていたものを18万１０００㎡に約３・５％「積み増し」しているのだ。いわばこの法律改正によるボーナスを、展望施設などに充当したというのが、今回の渋谷テラスのカラクリだとも想像される。

今計画中のビルは、すべてこの法律改正によるボーナスを前提に設計している。容積率は都市計画の変更になるので地域内でのコンセンサスを取るのに自治体は苦労するが、建築基準法の改正は国が決める。与党多数の国会であれば改正案が通る可能性は高いというわけだ。

新築ばかりに目が行きがちだが、この改正は既存のビル、つまり既得権益者の懐を潤すことになることに実は多くの人が気づいていない。そもそもこの法律改正が行なわれた背景には、老朽化した団地やマンションでエレベーターがない物件について容積率が制限いっぱいだったり、既存不適格ですでに現行容積率をオーバーしているものについて、「床」としてカウントされないことを利用してエレベーターの設置を促そうという目論見があった。

だが実際には老朽化団地やマンションの管理組合にはエレベーターを設置する財政的な余裕はなく、この恩恵は既存のビル業者、とりわけ超高層ビルなどを所有する大手デベロッパーにとっては、とっても「おいしいボーナス」となったのだ。

たとえば西新宿の超高層ビル群は、床面積がおおむね５万坪程度。これまでは容積率いっぱいに設計されていたためにこれ以上の床の増築は望めなかったのが、３％程度とはいえ「余剰容積」というボーナスが転がり込んだのだ。５万坪の３～４％といえば１５００坪から２０００坪に相当する。現実的には既存建物に「積み増し」することは不可能だが、超高層ビルは敷地に余裕があるところが多いので、敷地内に物販施設やレストラン棟を建てて賃貸すれば新たな収益源となるのだ。実際このエリアで今、いくつかのビルで増築工事が行なわれているのは、この法律改正という飴玉がなせる業なのだ。

オフィスビルだけではない。これはタワマンにも大きな恩恵をもたらす。40階建て、50階建てのタワマンで2014年夏以前に建設されたものであれば、やはり1000坪以上のボーナスをもらっているマンションも多いはずだ。

分譲後のマンションは管理組合が運営する。ちょっと賢い理事長であれば管理組合で借金して敷地内に貸し店舗を建設して賃貸に出す。あらたに別棟の分譲マンションを建設して売却するなど、管理組合財政を思い切り改善できる可能性があることに気が付くことだろう。もちろん土地には建蔽率があるので、建蔽率以内に建物部分の面積が収まっていることが条件とはなるが。

立法府と大手企業は、こうしていろいろな手段を弄して利益を享受する。目の前の事象だけで「いいね」と思うだけでなく、「なぜ」「どうして」とその背景を探っていくと、世の中は必然として「富める者」にさらに利益が与えられる構図になっていることがわかるのだ。知らないものは損をする。世の中の理だ。

第3章

不動産の背景は、こうなっている!

あなたのいる土地の下に眠るもの

不動産に纏わる政治ショウは今も昔もなくなることはない。

2018年、東京豊洲の新市場では、土地の売主であった東京ガスから東京都へ譲渡された土地に関し、土壌汚染の処理を巡ってその対応や契約の仕方、そして建物の建設方法や竣工後の地下水検査の結果について、喧々囂々の騒ぎがつづいた。

市場の豊洲への移転をするべきか、せざるべきか、首都東京が大議論をしているうちに、今度は西の商都、大阪で新たな火種が持ち上がった。「瑞穂の國記念小学院」なるいささか大袈裟な名称の学校の建設用地取得をめぐる疑惑が、時の政権をも巻き込む大騒動に発展したのだ。

この、日本を代表する2つの都市で同時進行した騒動は、不動産屋の観点から見ると、実によく似た構造にある。

現代では不動産取引を行なう際に、土地について土壌汚染があるか、ないか等の調査を行なうことは、少なくとも国や自治体、主要な法人間での取引では、ごく「常識的」な手続きだ。

また地中に埋設物があるかどうか、ゴミなどの廃棄物が存在するかどうかについても、その負担の仕方も含めて、これは必ず必要となる手続きだ。この手続きが、どうやら2つの騒動では、少なくともあまり「常識的」とは思われない、言葉を替えるならば、きわめて「特殊」な形態で行なわれていたようだ。

豊洲の土地は、東京ガスが工場として保有していた土地という。土地の用途地域は工業専用地域である。不動産屋からこの土地を眺めると、工業専用地域でガス工場があった、という時点で、表現は乱暴だが「汚い土地」ということになる。

つまりそのまま土地を取得したのでは、その後の利用に大きな支障が出るので、通常は売主側に必要な対策をすべて施(ほどこ)してもらってから受け取るというのが、「常識的」な取引である。また取得後に発覚した土壌汚染等に対しても売主側が瑕疵(かし)担保責任（買主では簡単に発見できないような欠陥があった場合には、売主側が負わなければならない担保責任）を負う、というのが、少なくとも「常識的」な取引だ。

ところが、実際の取引の経緯を見ると、東京ガスが土壌汚染対策として負担したのはわずか78億円にすぎず、契約ではそれ以上の瑕疵担保責任は負わない、というきわめて「特殊」な契約をしているようだ。実際に東京都は、土壌汚染対策として東京ガスからの対策費とは別に、508億円の負担をしているという。

さらにこの「特殊」な取引を行なうにあたって、石原慎太郎元知事は「瑕疵担保責任については知らなかった」という、ちょっと信じられない答弁をしている。

ちなみに、その後築地市場についても、多くの汚染物質の存在が明るみに出され、さあ築地も危ない、だから豊洲へ、みたいな相対論的な議論まで出現した。築地市場は駐留米軍のクリーニング施設があったというが、不動産屋から見れば、クリーニング屋の跡地は要注意というのは、きわめて「常識的」な知識である。

戦後の混乱の中で整備された築地市場が、現代ではあたりまえの土壌汚染対策などやっているわけがない。それを今さら持ち出して新市場と比較するのは、空（むな）しい議論にも映る。

瑞穂の國記念小学院の土地取引を、不動産屋の観点から見てみよう。

定期借地契約で契約し、それを土地売買に切り替えることについては、国有地の売買取引では異例かもしれないが、民間ではあくまでも交渉ベースの話だと考える。

問題は、この土地の中から出てきたとされる大量の産業廃棄物の取り扱いである。通常は産業廃棄物の存在等が判明した場合には、買主は売主に撤去させることを条件に土地の引き渡しを受けるのが「常識的」な取引である。また、通常は撤去費用は売主が持つことになる。

ところが、このケースではすでにいったん事業用定期借地契約を締結した後だったので、小学校建設に支障が出ないようにするために、撤去費用を売主である国が独自に見積もって売買金額から控除したという。これはちょっと「特殊」な取引に見える。

仮にこの産業廃棄物を撤去すれば、ちゃんとした学校用地として活用ができる土地であったとするならば、売主である国は、売買金額から差し引くのではなく、撤去費用を複数の業者に見積もらせたうえで、買主側で撤去させ、撤去にかかった費用を別途、国が負担するという契約にすればよかったのではないかと考える。つまり売買金額は9億5600万円として、売買は行ない、撤去費用は別途国が実費を負担する、ということにするのが「常識的」な取引である。

ちなみにこの9億5600万円という金額は土地鑑定士が、「産業廃棄物等がない場合」を想定して算出した金額である。産業廃棄物を撤去する費用をこの金額から控除するというのは、何とも解せない話である。

この問題を考えるには、どうもこの産業廃棄物の処理費用を売主である国の、販売費用とするべきであったものを、売買金額から直接控除してしまったために、買主が一方的に「格安」で土地を取得できることになってしまったところに問題があるのではないだろうか。

土地は、ぱっと見には地面でしかない。しかし、土地の下には実はいろいろな魔物が潜んでいるのだ。コンクリートやアスファルトで固めてあるから大丈夫だ、とか産業廃棄物は全部を処理せずにグラウンドの下に埋めておこう、などという生半可な処置をしたところで、土地の下に眠る魔物たちは、大地震の発生や長い時を経て必ずその目を覚まし、人々に襲いかかるのだ。土地をなめてはいけない。

会社に通うための家を買う、働き世代の貧しき思考能力

都心居住が鮮明になっている。

今の働き世代は、夫婦共働きがあたりまえだ。夫婦がそろって会社に通勤するわけだから、通勤時間は短いほうが良い。子供が生まれれば、子供の保育園に夫婦のどちらかが送り迎えに行かなくてはならない。会社の近くでなければ生活そのものが成り立たない。だから都心のマンションを買う。マンションの値段は高いけれど大丈夫だ。夫婦とも稼いでいるから、夫婦でそれぞれ35年ローンを組めば何とか返済することは可能だ。

互いが年収700万円を超える収入がある夫婦を「パワーカップル」と呼ぶのだそうだ。僕たちはそのパワーカップルなのだから都心部のマンションを購入できる。金利は低いし、税金のバックもあるらしい。マンションを借りるよりも所有したほうが

資産にもなるのだから、買っておこう。だいたいが、こんな思考回路で都心マンションを買う。

平成初期までは、このシナリオは成り立たなかった。

都心は土地がないし、住宅を買うためには郊外に行かなければ適当な住宅はなかった。現代の働き世代の親の世代は、母親が専業主婦の家が圧倒的に多かった。父親は多額の住宅ローンを背負って毎日途方もない時間をかけて都心にある会社に通い、家を守る母親は、子供を塾だ、学校だ、お稽古ごとだと追いたてて、とにかく子供が「良い学校」を出て、無事「大手の会社」に就職することだけを願い続けたのだった。

幸いなことに、親たちには叶わなかった都心居住は、子供の代で可能となった。経済、産業構造の変化で都心部にあった多くの工場がアジアに移転し、土地の容積率も緩和された結果、タワマンと呼ばれる超高層マンションの建築が可能となったからだ。

このマンションを買えば、親が経験したような長い通勤も、短くてすむ。すべてが「会社」のために自らの居住地を会社の近くに設定する、ある意味、合理的な選択の結果ともいえるのだ。

リクルートが毎年発表する「住みたい街ランキング」でも、上位10位がいずれも都心部のＪＲのターミナル駅が選択されている結果を見ても、今の働き世代がいかに「会社に通うための交通利便性」に重きを置いて家を買っているかがわかる。

彼らが好んで買う都心のマンションは、いかほどのモノだろうか。不動産経済研究所の発表によれば、２０１９年の東京都区部において供給された新築マンションの平均価格は７２８６万円。１㎡あたりにすれば１１２万円だ。つまり62・５㎡の住戸面積で７０００万円を超える。62・５㎡といえば２ＬＤＫクラス。この狭いマンションでは夫婦と、子供はせめて１人程度が暮らすのがやっとであろう。この部屋が将来にわたって資産価値を保ち続けると、彼らは信じているのだろうか。

そうまでして彼らは「会社ファースト」の人生選択を行なっているが、その根底には会社には朝９時に出勤して午後５時になれば帰宅する、という昭和時代の「働き方」がベースになっている。いっぽうで今、人々の働き方は、何も政府が提唱する「働き方改革」を待つまでもなく、大きくその形態が変わりつつあるのだ。

Windows95の登場は人々の働き方に多大な影響をもたらした。社員一人一人の机の上にパソコンが設置され、ネットで世界中と繋がりながら仕事を行なうスタイルは、まさに革命的といってよい「働き方改革」であった。そしてこれからの社会では通信モバイルの発達やＡＩ技術の進化によって、会社における多くの業務形態がふたたび大きく変わるであろうことが容易に予測できる。

会社でのデスクワークは、そのほとんどがこうした新しい技術進歩によって代替され、人々の働き方に大きな影響を与えることになる。この革命は会社の構造そのものを変えるほどのインパクトを与えることになるのだ。

つまり、多くの会社が経理や財務、総務、人事といったスタッフ機能を持たなくなり、一部の職種を除いてオフィスに社員が集まるという形態が急速になくなっていくだろう。

私の知り合いが経営するあるソフトウェア会社は社員が30名ほどだが、基本的に社員の働くスペースがない会社だ。仕事のほとんどが通信で結ばれ、それぞれが自分の能力の範囲で仕事をするので、社員が一緒の事務所に集って机を並べるということがないのだそうだ。その結果、社員の住所は全国に広範に散らばっていて、中には一度も顔を合わせたことのない社員まで出現しているという。

今では社員一人一人に机1つを与えないフリーアドレス制を導入する会社が増えているが、この会社はそこを通り越して、社員間を繋（つな）げるのはネット上のみにして、各社員が好きなときに好きなスタイルで仕事をするビジネス形態へと進化しているのだ。

この話はなにも特殊な事例ではなく、今や大企業でも1週間のうちに会社に「出社」することがほんの1、2回といった会社は珍しくなくなっている。海外とのビジネスミーティングでさえ、今やスカイプやズームを駆使して行なうことは日常茶飯事となっているのだ。会社の会議だけみんなが事務所に集まって角突（つの）き合わせる必要性は、急速に薄らいでいる。

どうやら令和の時代のうちの、そう遠くない時期に世の中から「通勤」という言葉はなくなるかもしれない。会社に行くという用事がなくなるのだ。多くの会社員というホワイトカラーの人たちが自らのスタイルで働き、会社という組織とはネット上での中になるのだ。

繋がるだけで、自分の好きな場所に居を構え、仕事は近所のコワーキング施設（共働ワーク施設）に出向くだけで、そのほとんどをモバイル上で行なうのが当たり前の世の中になるのだ。

さてこのように考えてくると、会社に通うために「会社の近くに住む」という都心居住の考え方は、本当に正しいのだろうか。都心は交通利便性が高いといっても、しょせんは自分たちの勤める会社との「行き来」のために便利であるというだけだ。とりわけ工場跡地に建設された多くのタワーマンションが建つ立地は、従来は人々が暮らすのにはあまり「良い環境」にはなかった土地が多いのも事実だ。

現代の働き世代は車を持たない、という。車は使いたいときに使えばよい。車を買っても使うのは週末だけで、駐車場代を払って家の前に「展示」をしているくらいなら買わないほうがよい。自転車だってシェアでかまわない。今や服だってメルカリで済ますのが彼らの考え方だ。

ところがマンションになると、彼らのこの合理的な思考回路が機能停止に追い込まれるようだ。自分たちが「暮らす」のに本当に良い街はどこなのか。仕事のための移動がなくなれば、まったく異なる価値観で自らの家を選ぶ時代がくることになる。それは会社への交通利便性ではなく、人生のそれぞれのステージで自分の「好み」の街を選んで「利用する」、そんな家選び、街選びが始まることだろう。家も、自動車や自転車あるいは服のように「しなやかに使いこなす」時代が、もうすぐそこに迫っているのだ。

先に紹介した私の知り合いの会社では、実は飲み会があるのだそうだ。社員各々が好きな場所で自分の好きな飲み物とつまみを用意して、ネット上で乾杯するのだ。それぞれの画面の背後には社員とじゃれ合う犬が登場したり、子供が横切ったりして参加者はその画面でおおいに盛り上がるのだそうだ。

会社から「近い」というだけの理由で買った家のために、夫婦そろって年収の3割くらいのお金を35年間も注ぎ込むことの馬鹿馬鹿しさに、やがて多くの人々が気づくことになる。

不動産も自動車や自転車と同じく、「買ってなんぼ」から「使ってなんぼ」のものになるのだ。

子供が親にしてもらいたい「家」の後片付け

親の残した家が空き家になって困っている子供が増えている。子供と言っても、今の日本は超長寿社会。親が80歳代である家はごく普通、90歳を超える親を持つ子供も増えた。だから子供といってもその年齢は50歳代後半から60歳代にもなる。

空き家はなぜ放置されるのか、空き家に関するアンケート調査などを紐解(ひもと)くと、非常に多くの回答に「家の中に親が残していった家財道具などの整理ができず、途方に暮れている」というものがある。

家の中を片付けない限り、賃貸に出そうにも、あるいは中古住宅として売却に出そうにも「準備が整わない」ことになる。空き家の多くが、処方箋を施す前にすべき「後片付け」から、そのスタートラインに立てていないのだ。

昔は、親が60歳代から70歳代で亡くなった。子供も、まだ多くが40歳代。家の後片付けをするのにも体力的に余裕があった。ところが、60歳近くになろうものなら、自分たちも体のあちこちに不具合が生じ始め、さて実家の後片付けといっても体が言うことを聞かなくなっているのだ。

かてて加えて、親が長寿になったということは、家財道具が年を追うごとにどんどん増えていることになる。認知症などを患って、必要のない食品や健康器具、衣服などを大量に買い込んでしまっているケースもある。

残された膨大な量の家財道具を眼前にして途方に暮れるのが、すでに「歳を取った子供」の姿である。

こんな状態で家を子供に相続させる親になりたくなければ、生前でまだ元気なうちに次のようなことをしておいていただきたい。

1．生前売却

最近は、子供や孫が自分の住んできた家に「住まない」ケースが増えている。自分がどんなに愛着がある家であったとしても、子供たちは都心居住などで親の家には戻ってこない場合が多いのだ。先祖伝来の家でも「自分の代限り」の家、あるいは自分「一代限り」の家は、なるべく処分して現金に換えておくことだ。

たとえば、自分が高齢者施設等に入居して、もはや家には戻らない状況になったときなどがチャンスだ。親が戻らないとわかっていても、子供の側から家を処分したほうが良いなどとは、口が裂けても言い出せないものだ。

相続の場合、現金よりも不動産のほうが、相続税評価額が有利だといわれるが、今後日本の住宅地の多くが、地価下落となっていく局面が予想される。さっさと現金にして渡したほうが子供に喜ばれる、というものだ。実際、現代の相続の現場では、親の「家」よりも「現金」のほうが、相続人には圧倒的に人気があると、私の知り合いの税理士は言う。

2. 家の診断

子供に残す家は、先祖から引き継いできた家は別だが、自分が住宅ローンの返済に耐えて手に入れてきた家が多いだろう。買った当時の金額はよく覚えているものだが、その後はローン返済にかまけているだけで、不動産取引と縁のある親は少ない。

そんな多くの親は自分の家の価値が今、どのくらいになっているのかをよく理解していない。平成バブルの時は1億円したような戸建て住宅でも、今や1000万円でも売れないような事態になっている家も多いということに、ほとんどの親は気づいていないのだ。

また、自分が手塩にかけて維持した家と思っていても、すでに築30年から40年を経過した家だ。トイレやキッチン、洗面、風呂などは時代遅れの仕様になり、省エネの観点からも劣等生、マーケットではまったく評価されない代物(しろもの)になっている。次の代まで残したい、賃貸として活用したいのなら、家のどの部分をどの程度直したらよいのかを見極めておくことだ。

売ればよいと思っていても、現実は甘くない。今自分の家がどの程度の評価なのかは、何も不動産屋に行かなくても、おおよその見当がつく。ネットを見れば、自分の住むエリアの同じような家がどの程度の価格で売買、賃貸されているかのデータはいくらでも拾うことができる。

3．家の周囲を身ぎれいに

家はただ住むだけなら問題がないと思っていても、いろいろ厄介な問題を背負っているものだ。隣地との境界が整っていない、通行権などの権利が付着している、土地の所有者が複数いる、周囲の土地との間にもめ事がある、などは売却や賃貸を行なう時に思わぬ障害になる。子供の代に引き渡す前に整理しておきたい。

4．断捨離（だんしゃり）

子供には親の残していく家財道具の価値がわからない。今から「断捨離」を行なうことだ。思い入れのあるものでも、子供にとって価値のないものには「潔（いさぎよ）く」お別れをしておかないと、処分に困るのは子供だ。

家財道具の処分と合わせて、自分の財産目録を残しておくとよい。子供にはわからない財産価値の高いものもあるからだ。

5．連絡先

親の家だから子供もわかるだろう、は禁物だ。子供が親の家で暮らしたのは高校生まで、といったケースも多い。親の家に住んだ記憶ははるか昔。親が亡（な）くなってみると、ゴミ出しルール、新聞販売店、電気ガス水道、植木剪定業者、地元自治会、銀行口座、サークル活動、わからないことだらけだ。どこでどんな手続きをすればよいのか、事前にメモを残しておきたい。

家というものに大きな財産価値がなくなってしまった現代。親の想いと子供の願いには大きな溝がある。その溝を今から少しでも埋めておくことだ。相続も「ハード」の時代ではなく、「ソフトウエア」の時代なのだ。

私権が強すぎる日本の不動産所有権

日本で不動産を購入すると、その対象が土地であろうと建物であろうと、ほぼ完全な形で所有権を持つことができる。実は不動産に対して完全なる所有権を持てる国というのは、世界では少数派だ。

たとえばアジア諸国などでは多くの場合、土地取引は借地権である。50年や70年といった期限があり、土地自体を所有するということは、多くの国で認められていない。ちなみにイギリスで土地を買っても、それは借地権にすぎない。イギリスの土地は女王陛下のものだからだ。

また、日本国内では外国人が不動産を購入するに際してはほぼ何らの制限も存在しないが、日本人が外国で不動産取引する場合は、かなりの制限が課されることが普通だ。東南アジアの多くの国々では、日本人や日本の会社が単独で土地を所有することはできず、多くの場合、現地人や現地法人とシェアして所有することとなる。当然、日本側の所有権割合はマイナーシェアの50％未満ということになる。日本はこと不動産取引については、規制のない、グローバルなマーケットと言ってもよい。

このことは、外国人による日本の不動産に対する関心を大いに刺激している。北海道のニセコで売り出される新築のリゾートマンションの最近の買い手に、今や日本人の姿はなく、主役は香港、シンガポール人だという。新築物件の価格も、坪当たり６００万円を超えている。１００㎡で１億８０００万円だ。この価格は東京の港区あたりの新築マンションの価格に匹敵する。

香港人には軽井沢も大人気だ。香港には高原リゾートが存在しないので、軽井沢や北海道の別荘やリゾートマンションは、富裕層の間ではちょっとした投資ブームとなっている。

これが別荘やリゾートマンション程度ならばよいのだが、最近は飛行場の周辺やダム、水源地、温泉源になる鉱泉地などを買う中国人投資家も後を絶たない。

日本の不動産は誰でも自由に所有できるために、国にとっての重要な社会インフラや国防上重要な土地などの買い占めには、国として注意が必要になってきているのである。

この「私権」の強い日本の不動産だが、国内でも徐々に問題になりつつある。

空き家は全国で846万戸にもおよび、その対策が急務となっているが、2015年に空き家対策推進特別措置法（空き家特措法）が制定されるまでの間は、地域で問題を引き起こしている空き家が存在しても、自治体の職員が空き家の所有者を特定するために固定資産税台帳を閲覧することができなかったし、敷地内に入って内部を調査することさえ許されてはいなかった。敷地内に入ることが不法侵入にあたるからだ。

築年数が経過し老朽化が著しくなったマンションでは、住民の高齢化により、マンション管理組合の活動に参加する人が減少しているところが増えているが、大規模修繕の実施や建替えの協議をするにあたっても、いっさい話し合いに応じない所有者の存在に悩まされ始めている。

欧米などでは所有権を持っていても、社会コミュニティーの意識が強いので、コミユニティーに参画しない人は、排除される傾向にある。ところが日本では、所有者が家の中に閉じこもってしまうと、容易なことでは動かすことはできない。

かつて成田空港の用地買収の際に、大規模な反対運動があったが、国家的見地から新しい空港建設を決定しても、なかなか不動産の権利者を動かすことができない国、それが日本なのだ。

コンパクトシティ化を目指す自治体でも、都市郊外部に拡散した不動産の所有者を中心市街地に集約することを妨げているのが、この「私権」の強い不動産が原因だ。

このことを家選びで考えると、特にマンションのような区分所有権で長く不動産を所有することは得策ではないことに気づく。自分は一生懸命管理費、修繕積立金を支払っても、他の権利者が滞納すれば、必要な修繕や建替えなどは叶わなくなる。管理組合でいつでも皆が同じ方向を見つめるとは限らないのだ。

そもそも都市部の日本人はコミュニティー意識が希薄なので、築年数が経過して、所有者が高齢化しているようなマンションになるほど、区分所有者間の合意形成は絶望的になってしまうのだ。

私権が強すぎる日本の不動産所有権

マンションの中には建物の老朽化と住民の高齢化で、マンションとしての価値がなくなり、売却もままならない物件が増えつつある。そんな中、こうしたマンションを相続してしまうと、賃貸にも供（きょう）せず、売却もままならずに、管理費、修繕維持積立金と税金だけを永遠に払い続けなければならない結果にもつながりかねない。

不動産における私権の強さは、今後日本の不動産に多くの難題を突き付ける可能性を持っているのだ。

第4章

地方はどうなる？　観光はどうなる？

お客様はどろぼう様？
～ホテルの備品は、どこまで持ち帰ってよいのか

ホテル関係の仕事をしていてよく尋ねられる質問に、

「ホテルに備え付けの備品で、持って帰れるのはどこまでなの？」

というものがある。持ち帰りについてお客様の間では独自基準を持っている方が多く、ホテル側を悩ませることとなる。

答えは簡単で、基本的に「消耗品」は持ち帰っても大丈夫、というのがルールだ。

たとえば、浴室などにあるアメニティ類。シャンプーや石鹸、ボディソープ、ブラシ、髭剃り用のレザーなどは、持ち帰ってもよい。ただ、お客様の中には、ボトルに入ったボディソープやシャンプーの中身を全部抜き取る、ティッシュボックス内のティッシュを全部持ち去る猛者がいる。これはおやめいただきたい。

お客様が持ち帰ってよいかよく迷うのが、ドライヤーやパジャマ、タオル、バスローブなどのリネン類のようだが、これはダメ。ホテルではリネンは繰り返し洗濯して使っている。「記念品に」などといって旅行鞄にしまい込むお客様がいるが、これもおやめいただきたい。

ドライヤーももちろんNGだ。昔はホテルのドライヤーは洗面室などに壁付けにして盗難に遭わないようにしたが、今はそのまま置いてある場合が多い。ドライヤー自体の価格が安くなったせいもあるが、置いてあるからといって持ち帰ってよいものではない。

最近はベッドサイドの時計がパネル式ではなく、普通の置き型の目覚まし時計を備えるホテルが増えているが、これも持ち帰りはNG。まだベッドサイドの置き型目覚まし時計が珍しかった頃、あるリニューアルしたホテルの客室に設置したところ、毎日5個くらいがなくなった。コンパクトでちょっとおしゃれな時計だったせいか、バッグに入れて気軽に持ち出すお客様が続出したのだ。時計にホテル名を入れるのもいやらしいので、時計にチェーンをつけてベッドとつなげてしまうことで持ち帰りを防いだものだが、チェーンごと引きちぎられたこともあった。これは明らかに窃盗だ。

リネン類や時計などはまだ序の口だ。

少し昔のことだが、ある朝、ホテルのフロントに、宿泊のお客様から電話があった。かなり大きな荷物があるので台車で部屋から運ぶのを手伝ってくれないか、との要望だ。

そこでホテルスタッフが倉庫から台車を取りだして部屋に伺うと、段ボールに入った大きな荷物が鎮座している。これは大変でしょう、ということでお客様と一緒にウンウン言いながら台車に積み、車までお運びした。ホテルスタッフはお客様に寄り添い、お役に立つのが信条だ。お客様からは「ありがとう。助かったよ」のお言葉。ホテルスタッフが自分の仕事に一番の喜びを感じる瞬間だ。そして笑顔でのお見送り。ところが、部屋の清掃係から思わぬ報告があった。なんと、部屋にあったテレビがない！

お客様が運び出したのは、客室内にあった大型のテレビだったのだ。当時はブラウン管仕様のテレビだったから重量もあり、一人で運ぶのは難儀だったのだろう。その作業をホテルスタッフに命じて運び出す、とんだ猛者がいたものだ。

テレビは、最近では液晶テレビが主体になった。従来のブラウン管テレビよりもはるかに軽くて薄い。これはもっと危険。多くのホテルでは対策として、テレビ配線はワイヤーにする、テレビ台座に固定するなどして盗難防止に努めている。

テレビは特殊な例かもしれないが、実はお客様のお帰りになったあとのホテルでは、多くのものが紛失している。

京都にあるホテルの大浴場のリニューアルを行なった時の話。最近はホテル内に大浴場を設けて、宿泊のお客様に一日の疲れを取っていただこうというホテルが増えている。その大浴場のリニューアルにあたって、入浴後のお客様がマッサージチェアなどで寛げるスペースを設置することになった。

京都の雰囲気に合わせて和風モダンな設えとし、箱庭を設け、薄明かりの中、それぞれのスクリーンで仕切られたスペースにマッサージチェアを備え、女性の方でも浴衣姿を気にすることなく、マッサージを楽しめるリラクゼーションスペースとしたのだ。

また、京都に宿泊するお客様はビジネスホテルであっても観光目的の方が多いので、大きめのテーブルと椅子、それに雑誌などが飾れるマガジンラックを設け、京都の写真集や旅関連のガイド、京料理の書籍などを備えて、いつでも自由に閲覧ができるようにした。さらにラックの上には、おしゃれなスタンドと京都らしく短く切りそろえた若竹を小洒落た花瓶に挿してあしらった。

狙い通りにお客様には大好評。もともと人気のあった大浴場にリラクゼーションスペースが誕生し、ホテルスタッフの士気も高まるというものだ。

ところがオープン1週間後、ホテルの支配人から耳を疑うような報告があった。

「牧野さん、マガジンラックにあったガイド、雑誌、書籍が全部なくなりました」

実は、リニューアルを計画している時にも多少の紛失は予想していたのだが、いちいち雑誌や書籍にまでホテル名をつけるのは、図書館みたいで野暮だからということで目をつぶっていたのだが、まさか一週間で全滅とは。

さらに翌週には、花瓶に挿してあった若竹が全部なくなるという事態に発展した。いったいどうやって持ち出すのだろうか。お客様みんなに喜んでもらおうとホテルスタッフがお寺に行って譲り受けてきた若竹だというのに。これはもう確信犯だ。

数週間後、さらに私を驚愕させる報告があった。

「牧野さん、花瓶が割れてます」

あまりの持ち帰りの多さに困惑した私たちは、今度は花瓶があぶない、ということで実は花瓶の底を接着剤で棚に固定しておいたのだ。その花瓶が割れている。

おそらく、お客様は（この際どろぼう様といったほうがよいのかもしれないが）花瓶を持ち帰ろうとした。けれども花瓶は固定されていて動かない。そこで思い切り棚から引き剝がそうとしたのだろう。花瓶はこなごなに割れてしまったのである。

お客様の盗人ぶりは客室内のみならず、ホテル内のどこでもいかんなく発揮される。宴会場フロアのトイレではよく、ブース内のトイレットペーパーが根こそぎ持ち去られることがある。監視カメラを備え付ける案も検討されたが、特に女性用トイレでは別の意味で設置が難しいとの結論になった。

また、ある関西のホテルでは毎朝宴会場のトイレにやってきて洗濯をする近所のおばちゃんがいた。自宅でやらずにホテルで洗濯。ホテルの洗面所はお湯も出るし、水道代もタダやねん。何度注意してもやめない。丁寧に説明してお引きとりいただこう

としたら、

「あんたらしつこいね。警察呼ぶぞ」

と逆ギレされる始末。

なぜ、宴会場フロアがよく狙われるかといえば、宴会場はたいていの場合、昼から夜にかけて使われ、逆に朝は閑散としているために、忍び込みやすいというわけだ。

忍び込みやすいのはホテルの厨房も同様だ。厨房には朝から夜まで多くの仕入れなどの業者が出入りする。調理場のスタッフは目の前の調理に夢中になっているので、人が入ってもあまり注意を向けない。顔を合わせても「ちわーっす」とでも挨拶すればだれも疑わない。ついでに調味料をとられても気がつかないし。プレートに並べた美味しそうなカナッペを口に入れたとしても気がつかれることは稀なのだ。ホテルスタッフは館内のどこでも、知らない人はお客様だと思っているので、基本、疑うことを知らない。

お客様はホテルにとって神様だ。しかし、同時にどろぼう様でもあるのだ。今日もホテルから満足顔でチェックアウトするお客様、宴会場や厨房から笑顔で出てくるお客様の中に、どろぼう様が潜んでいるのだ。

シャッター通り商店街は、何が問題なのか

地方都市に行く機会が増えた。人口が減少するだけでなく、年齢構成が途方もなく高齢化し、街に活気が失われ、さて地方創生しましょう、というのがどの地方でも見られる課題だ。

西日本のある都市を訪れたとき、その日は台風が直撃していた。雨、風が強まる中、市内中心部の商店街を視察。この商店街は１９８０年代くらいまでは多くの買い物客で賑わっていた、という。しかし、現在ではほとんどのお店がシャッターを下ろしたままで、日中だというのに商店街は暗く、天気のせいもあるのかもしれないがアーケード内には人っ子一人歩いてはいない。

そのとき突然バリバリという音がしたかと思うと、空き商店と思われる家屋のトタン屋根が一枚、折からの強風で剝(は)がされて、アーケードを歩くわれわれを直撃しそう

になった。難を逃れたわれわれは、あわてて乗ってきた車の中に避難する羽目となった。地元の人からは、商店街の中の建物は老朽化が激しく、台風や豪雨のときは二次災害の恐れもあるから、あまり歩き回らないほうが良いと、忠告されてしまった。

かつて、この商店街には活気があふれていた。それは海辺の街にある大規模な化学工場のおかげだった。大量の原材料を船で輸入するのに、この街の港は格好の位置にあった。工場には多くの労働者が勤務し、彼らは工場近くの港町に居を構え、昼間はその日の晩のおかずを買い求める主婦で賑わい、夜は工場から帰ってきた男たちが、商店街の中の居酒屋やスナックで夜遅くまで羽を伸ばす、そんな姿が日常の光景だったのだ。

ところが、今も操業するこの工場は、見てくれは一緒でも中身が異なる。今はバイオ関連の研究色の強い工場となってしまったため、人はほとんどいない。また新しい設備を導入するために新設された研究所は、海から原材料を仕入れる必要もないために、都市郊外に立地。研究職の社員は研究所近くの郊外一戸建て住宅に居を構え、車で会社に通い、やはり郊外に立地する大型スーパーで買い物を済ませている。

中心市街地に残されたのは工場を定年退職した高齢者ばかり。商店街で元気に商売をしていたお店の主人やスナックのママは、お店を畳まざるをえなくなったというわけだ。

地方創生では、こうしたシャッター商店街を何とか再生しようと、やっきだ。「ALWAYS 三丁目の夕日」の世界を取り戻そうという試みだが、あまりうまくいっている例がない。学生のシェアハウス、起業家に格安でオフィスを提供する、芸術家に住んでもらう。たいていが2、3年で元の木阿弥になる。あたりまえだ。学生は卒業する、起業家の99%は事業に失敗をする、芸術家のほとんどは「もの」になることはない。しょせんはその場限りの「思いつき」の域を出ないものばかりだ。

さぞや元店主たちは中心市街地の荒廃ぶりを嘆き、商店街再生に向けて「良い知恵」がないか頭をひねり続けているに違いないと考えるのは、都会人にありがちな発想のようだ。

商店街の元店主たちに話を聞くと、実は彼らの多くは「ちっとも困っていない」のだ。彼らの多くが今や年金暮らし、息子や娘は東京や大阪に出てサラリーマンになっている。故郷に戻ってくるつもりもあてもない。お店をそのままにしているのは更地にすると固定資産税が高くなってしまうからだという。節税対策のために昔のお店はわざと放置しているのだ。中には不動産投資をしてマンションオーナーになっているような元店主もいた。

有効活用策を提言されても、勝手に学生や芸術家が使うくらいならよいが、自分のお金を出してリニューアルをしたり、ましてや町おこしをやろうなどという気力のある人は少ないのだ。

空き家については２０１５年５月に「空き家対策特措法」が施行され、家屋の保存状態が悪い「特定空き家」に認定されると、自治体が最終的には空き家を撤去できるようになった。商店街でも「空き商店対策特措法」が必要なのではないか。昔の賑わいを復活させようにも狭い道路と老朽化した家屋の連続では、現代の多くの住民を引き戻すことはできない。

都市計画のやり直しである。空き商店を取り払い、道路を広くして、交通網を再整備し、もう一度街を作り直すくらいの覚悟がなければ、いくら「コンパクトシティ」を叫んでも中心市街地には相変わらず閑古鳥（かんこどり）が鳴き続けることであろう。

一泊二食付きの馬鹿げたシステムが、日本旅館を滅ぼす

休日の温泉地。都会からはひとときの「憩い」や「癒し」を求めて、多くの顧客が温泉地を訪れる。日本は温泉に恵まれ、全国のどこに行っても、さまざまな効能の温泉を楽しむことができる素敵な国だ。外国人の中でも最近は、日本の温泉地や有名観光地を訪ねる動きが顕著になっている。

ところが外国人には、日本の旅館の評判があまりよろしくないようだ。温泉で裸になるのが嫌とか恥ずかしいという理由ではない。

問題は食事にある。日本の旅館の多くは「一泊二食」という販売形態をとる。日本ではごく当たり前といえるこの手法は実は日本独特のもので、外国ではメジャーなものではない。

彼らは、自分が食べる料理は自分で選択するのがあたりまえ。初めから料理が決ま

っている旅行は、ツアーならばともかく、個人で訪れる旅行ではナンセンスだ。

ところが、日本の有名な観光地や温泉地では、宿泊先で供せられる料理は、あらかじめメニューが決まっているものがほとんどだ。自分が食べたい素材や調理法などを選択する余地は、一切ない。したがって日本での旅館に対する評価は、温泉の質や客室での寛ぎ以上に料理の内容が問われる、というのが実態だ。

もちろん、地場で採れる食材などを活用して素晴らしい料理を出す旅館も多いが、その多くは和食である。連泊をすれば、食材や調理の仕方を多少は変更してもらえるが、基本的には1週間も2週間も滞在するには、このシステムはそぐわない。

日本では、旅行は一泊二日からせいぜい二泊三日が主流であった。また、同じ場所にずっと滞在するといったスタイルの旅行は、温泉地における「湯治」などを別にすれば、基本的には次々と場所を移動していく物見遊山スタイルが一般的だった。

それに対し、特に欧米人は長期にわたるバカンスを楽しむので、観光地や保養地などに来れば、基本的には一カ所に留まり、食事は周辺のレストランで自分の好きな食事を楽しむか、自ら食材を買ってきて調理して食べるのが一般的なのだ。

ところが、日本の旅館では「お仕着せ」の料理を食べなければならない。たとえ自分があまり好まない食材であっても、結果的には食事代込みの高い宿泊料を払わされることになるのだ。数日滞在したいと思っても、食事代込みでは滞在費は法外に高くなるし、だいいち食事に自分たちの好みも反映されない。

考えてみれば、日本の旅館という業態は、ずいぶんと身勝手な存在だ。客は温泉地最寄りの駅に到着すると、改札を出るなり、駅前ロータリーで待ちかまえていた「旅館名」を大書したマイクロバスに押し込められる。せっかく駅前の商店街を覗いたり、ちょいと足湯に浸かってみたいなと思っても、提灯を持った宿のおじさん、おばさんが「こっちこっち」と手招きをする。マイクロバスは周囲の観光スポットなどには目もくれず、旅館までの道をまっしぐらに走る。

宿に到着すれば、荷物は宿の人間の手によって自動的に部屋に運び込まれ、宿帳に必要事項を記載せよ、となる。宿帳への記入が終われば、お茶を飲むのもそこそこに今度は風呂に入れ、とせっつかれる。

温泉から出てくれば、さあ「飯」である。温泉上がりはビールが定番。ビールを飲んでいる間に、次から次へと「調理長自慢」と称される逸品の数々がこれでもかと運び込まれる。もう少しゆっくりお酒を楽しみたいと思っても、そんなことはおかまいなしにお造り、煮物、揚げ物、焼き物が食卓を埋め尽くす。最後に温泉地のある都道府県名の最後に「牛」と付けたような「ブランド和牛」と名づけられた、初めて聞くような銘柄のステーキなどが出されて、はいデザート、お茶である。

食後はブランデーとチーズを、とか外国人が思っても、そんな要望に耳を傾ける素ぶりすらない。

食事が終われば、「また、お風呂をどうぞ」だ。宿の中ではとにかくやることがない。ちょっと街中を散歩しようにも、周囲は全部同じような旅館で寛げるようなバーもない。

旅館は最後風呂に入ったらとにかく「寝ろ」だ。こうした一連の動きはすべて、実は「宿の都合」なのだ。食事代を込みにして宿泊代を高くとる。町中をうろうろされて酒を飲まれても、お土産を買われても自分の懐(ふところ)に入らないので、なるべく旅館から客を外には出さない。そして迎える朝。朝食も魚の開きに卵焼き、かまぼこ、おしんこで、はい、おしまい。後は清掃があるので、さっさとカネを払って出て行ってくれ。

これで、日本の温泉地を楽しみに来た外国人が何日も滞在したいと思うだろうか。

また、日本人にも富裕層が増え、時間とカネに余裕のあるシニアが増えているが、こうした客が数日あるいは数週間にわたって滞在してこの地を楽しみ、多くのお金を落としていってくれるだろうか。

たとえば温泉地の旅館はすべて宿泊オンリーにして、街の中心部に多種多様な温泉が楽しめるお風呂があり、食事は和食から洋食、ラーメンや居酒屋、バーがあって客が自由にその日の調子や好みで選択ができる。こんな温泉地はないものか。宿泊オンリーならば旅館経営だってずいぶん楽になるはずだ。

先日訪ねた長野県白馬(はくば)村のホテルオーナーの言葉が忘れられない。

「ここにスキーにやってくる外国人の大好物はなんだか知ってる? お好み焼きなのよ。せっかく1階にフレンチレストランがあるのに誰も食べやしないわ」

相変わらず、旅行は「ハレ」の場であって、一泊二食を中心とした「ごちそう」シリーズという古ぼけた方程式を使い続ける日本の旅館に、明日はないのである。

活況を呈する宿泊業界の落とし穴

ホテルをはじめとする宿泊業界が活況を呈している。

一口に宿泊業といってもその形態はさまざまだ。旅館業法においては宿泊施設として、旅館、ホテル、簡易宿所、下宿などが定められている。また2018年6月には、近年台頭してきた民泊について新たに「住宅宿泊事業法」を施行し、民泊を法的に位置付けた。

それでは宿泊業におけるそれぞれのカテゴリーは、現在どんな状況にあるのかを見てみよう。

実は日本ではつい最近まで、宿泊業においてはホテルよりも旅館が圧倒的に多かった。2005年では旅館は棟数で5万5567棟、客室数で85万室を数え、ホテル8990棟、69万8000室をはるかに凌駕(りょうが)していた。この数値が客室数において逆転するのが２００９年。そして２０１７年現在では旅館は３万８６２２棟、68万８０００室と棟数で約30％、客室数で約19％も減少している。いっぽうホテルは同年で１万４０２棟、90万８０００室と棟数で約16％、客室数で約30％もの高い伸びを示している。

旅館と聞くと、温泉宿などの観光地にある宿という概念が強いが、もともとは都会にも数多く存在し、ビジネス客や修学旅行生、東京など都会に出てきて子供に会ったり、観光したりする地方からの客たちでにぎわってきた。

こうした旅館は比較的小規模な家族経営のところが多かったために、時代の進展とともに一部はビジネスホテルなどに看板を書き換えながら細々と生き延びてきたが、多くの旅館は経営者の高齢化や相続の発生などで事業承継が叶わずに廃業したために、旅館はその数を急激に減少させてきたのである。

旅館経営を圧迫したのはホテルの隆盛ばかりではない。旅館業法上、簡易宿所と呼ばれる宿泊形態の存在の拡大だ。

簡易宿所といえば、以前は日雇い労働者などがその日の宿泊所として利用するものなどが大半だった。ところが最近ではビジネスマン人口の増加にともなって、通常のホテルよりも安く泊まれるカプセルホテルがその数を急激に伸ばしてきた。カプセルホテルは客室としての仕切りがなく、簡易なベッドが大広間にいくつも並べられ、他の客と共同で利用する形態をとる。風呂場や洗面などの水回りを共同化できるために設備投資を抑えることができるのが事業者側のメリットだ。

また２０１６年４月の、宿泊客が10人未満の時は客室面積の規定を宿泊者数×３・３㎡でよいとするなどの規制緩和を受け、特に東京や大阪の都心部や京都などの観光地で「ホステル」という名称で、外国人観光客や宿代を少しでも安くしようとする若者を中心に支持を集めるようになったのだ。

こうした規制緩和や宿泊客の多様化などを背景に、簡易宿所数は２０１７年には３万２４５１棟となり、２００５年比で約45%もの急増ぶりを示している。

民泊も２０１８年６月に住宅宿泊事業法の施行を受けて、一時は「ヤミ民泊」と言われる無許可の民泊の多くが廃業してその数を減らしたが、その後、許可件数は伸びつづけていて２０１９年10月までで、新しい法律の下での届け出数は２万件を超えるに至っている。

こうしたホテル、簡易宿所や民泊などの急増は、いっぽうで「作りすぎ」との懸念や批判を生んでいる。実際にはどうだろうか。

２０１９年から２０２１年において国内の主要な都市、観光地における新規開業予定のホテル客室数について、調査会社であるＣＢＲＥ（世界最大の事業用不動産サービス会社）から興味深いデータが発表されている。この調査によると、京都では既存の客室数の約５割にあたる客室が新規供給されるとされ、２０２１年には客室数は４万室に、大阪では既存客室数の約３割にあたる客室が新規供給されて、２０２１年には８万室になるという。

すでに影響はこの２つの都市で実際に出始めている。昨年までは客室稼働率が90％を超えるホテルが続出。平均宿泊単価もうなぎのぼりの状態であった京都、大阪だが、２０１９年に入ってから、特にビジネスホテルを中心に稼働率が10％から15％も落ち込むところが出てきている。また稼働率の低下に伴って宿泊単価も下落に転じている。大阪市内のビジネスホテルも一時は東京並みに１泊１万円を下らないとされたが、最近では5000~6000円で宿泊できるようになった。

例年であれば紅葉シーズンの11月はホテルの予約がほとんど不可能だった京都でも、かなり部屋が余っている状態。曜日によってはかなり安く宿泊できる状態だ。

こうした状況は利用者側からみれば、けっして悪い話ではない。宿泊の選択肢が増え、自分の財布や好みに応じていろいろな宿が体験できるからだ。

だがいっぽうで、ホテルの供給ラッシュがいろいろな歪みをもたらしていることには注意が必要だ。私はホテルをはじめとする不動産の事業プロデュース業を営んでいるが、最近新規のホテル計画として持ち込まれる案件を見ていて、危惧されることが増えてきたのだ。

供給ラッシュの背景には、急増する外国人需要などを見込んで、これまでホテルなどの宿泊業を行なってこなかった、いわゆる異業種からの参入が増えていることがある。それはそれでけっこうなことなのだが、ホテルとしての基礎知識があまりに欠落した計画が多いのだ。

たとえばマンション専業デベロッパーなどが、マンションが売れなくなってきたのでビジネスホテルに参入しようとして計画した図面が持ち込まれることがあるが、ただワンルームマンションを小さくしてフロントだけを付けたような安易な計画が目につく。最近のワンルームマンションは1部屋が20㎡から25㎡だが、これを10㎡から15㎡に縮（ちぢ）めて台所を取っ払って一丁あがり、みたいな企画が多いのだ。

実際のホテルはリネン室というリネン類をストックする部屋が、できれば各階に必要なことがわかっていない。大きなスーツケースを引きずる客のために、廊下幅は1・6m以上は確保したいのだが、狭小な廊下。マンションの各住戸の玄関扉は通常は外開きだが、ホテルでは内開きが基本だ。ホテルは部屋に踏み込まれる危険性があるため、女性でも全力で扉が押せるように通常は内開きで設計する。

ホテルの共用廊下も、外廊下は安全上の概念から基本的にNGだ。エレベーターの設置も、客室を多く確保するために小さなホテルだと1基しか設けない企画が多いが、10階建て以上にもなると朝のチェックアウト時には大混雑となる。

また、リネン交換のワゴンを乗せると客がエレベーターに乗れないなどのトラブルに陥ることが、あまり考慮されていないのだ。

宿泊マーケットはひところのような全く予約がとれないような状況から脱し、いろいろ魅力的な宿泊施設も増えてきたが、利用する側としてぜひ気を付けたいのが、利便性や安全性の問題だ。新しいホテルなどはたしかに設備も新しくて気持ちが良いものだが、意外と落とし穴が多いのも事実のようだ。気を付けて宿泊したいものだ。

続々誕生する外国人村は、日本を救うのか？

所用があって長野県白馬村を訪ねる機会があった。白馬といえばスキーのメッカ。学生の頃は毎冬、白馬にある八方尾根、岩岳、栂池高原といったスキー場に通いつめたものである。

新幹線長野駅からレンタカーを借りて、白馬まで約40㎞、ちょうど1時間ほどのドライブだ。

そこでハンドルを握る私は、妙なことに気づいた。白馬村に入る頃からすれ違う車の様子が何か変なのだ。よく見ると運転している人の半分以上、いや7割くらいがあきらかに外国人なのだ。しかも中国などのアジア系というよりも欧米系といった顔立ちだ。

白馬の駅前に車を停め、近くの蕎麦屋さんに入る。白馬の蕎麦はおいしい。ここに来たら、まずは蕎麦を食べなくては。蕎麦屋の女将（おかみ）に聞いてみる。

「最近は外国からのお客さん、多いのですか？」

「多いですね。もうスキーシーズンは過ぎたので一段落したけどね」

「欧米やオーストラリアの人？」

「昔は多かったけど、最近は中国系も増えましたよ」

何やら頭が混乱しながらホテルに到着。私たちはここでも異文化体験をする。出迎えてくれたのは、やや日本語が怪（あや）しいアジア系のコンシェルジュ。聞くと2017年日本にやってきたばかりという台湾人だ。ちなみに私たちが宿泊するホテルは、中国人投資家が数名で共同で物件を所有していて、運営を日本の現地オペレーター会社に委託しているという。

聞くところによれば、ホテルの顧客の大半がオーストラリア人や中国人のファミリーやグループ客。冬のハイシーズンはまったく予約が取れなくなるほどの人気だという。もはや白馬のスキー場は学生の遊び場ではないのだ。

部屋は素晴らしく、日本で言うところの3LDK。各部屋にトイレやバス、シャワールームが付く。リビングダイニングからはスキー場を目前にし、すでに雪は少なくなっていたがスキーシーズンはさぞや、と思わせるビューである。

夜はホテルの案内で街のレストランに出かける。そこでまたまた驚かされたのはホテルの送迎車。なにげに乗車するとドライバーはなんと金髪のお兄さん！　聞けば彼はアメリカ人。おそらくまだ20代前半だろうか。あっけにとられるばかりで長く質問をする暇もなく、私たちはレストランに到着。

さわやかな笑顔で出迎えてくれたウェートレスの女性は、日本人。なんだかひどく安心してテーブルにつく。ほっとしてレストランをぐるりと見渡すと、私たちはその場に漂う違和感にすぐに気づかされた。レストランはほぼ満員。シーズンオフなのにえらく人気がある店だ。だが、なんとそこで談笑する言葉はすべて外国語。日本人は私たちだけだったのだ。

「ようこそ！　うちのお店はビールがおいしいですよ」

フレンドリーで素敵な笑顔を見せるウェートレスの女性が持ってくるメニューを見て戸惑う私たち。ビールはすべて外国産。そしてオーダー単位はパイント（pint）。えっと、パイントってなんだっけ？　私たちの頭は混乱を始める。正確には1パイントはアメリカでは473ml、イギリスでは568ml。あとで、スマホで調べながらため息をつく。

さらに私たちの目線がメニューに移ると、みんな言葉がなくなった。メニューはすべて英語表示なのだ。もちろん少なからぬ海外体験をしているメンバーなので不自由はないのだが、こんな体験をまさか白馬でするとは、びっくりなのである。

「あっ、すみません。日本語のメニューをお持ちしましょうか？」

ここは日本。遠慮することはないので気を取り直して日本語メニューを頼む。

メニューもまさに外国版。メインで頼むオーダーはすべて凄まじい分量。ステーキなどの肉料理を中心に、サイドディッシュに山盛りのポテトやオニオン、そしてサラダ。皿を片付けに来た女性にさりげなく聞く。

「繁盛してますね。この季節でもこんなに外国人の旅行者は多いのですか？」

彼女は一瞬きょとんとした表情を見せてから、私たちに答えた。

「いいえ、今日のお客さんはみんな現地の人ですよ」

彼女のこの発言におどろくと同時に、白馬村ですれ違うドライバーの顔の謎が解けていった。

現地の人に聞くと、ここ数年で外国人の定住者は増え続けており、村内の廃業したペンションや保養所を外国人が買い取って外国人客向けに改装して経営する人が、どんどん増えているという。オーナーはオーストラリア人を始め中国系も多くなっているとのことだ。

実は、この現象は白馬村だけの特異なものではない。総務省が発表した人口動態調査では、日本の人口は１億２６２５万人（２０１９年６月）。前年に比べ28万人減少する中、外国人居住者は２８２万人の大台に達し、前年比でも９万８０００人も増加している。外国人定住者の増加は、ある意味で日本の人口減少を緩和する役割を果たしているとも言えるのだ。

東京都の人口は１３７２万４０００人。前年比で約10万人の増加だが、この増加分の３割以上、３万４３９３人が外国人である。すでに都内でも、大久保のコリアンタウンには新たな勢力として多数のイスラム系住民が。池袋界隈は完全なチャイナタウンへ。東西線西葛西駅に降り立てば、日本中のインド人が集結したのではないかと思われるほどの数のインド人が。そして学生街だった高田馬場はミャンマー人街へと、街の姿はどんどん変貌していることがわかる。

なんだかんだと外国人を毛嫌いする向きはあるが、そんなことはおかまいなしに日本社会のグローバル化は着実に進んでいる。彼らが創る新しいマーケットが、日本の新たな成長力になるかもしれないのだ。農林水産省の調査によれば、日本の農業人口は175万人（2018年）、いまや農業人口をはるかに上回る数となった外国人との付き合い方は、今後の日本を左右する重要な課題なのだ。

地価500倍の宮古島バブル～宮古まもる君は宮古を守れるのか

2019年3月30日、沖縄県宮古島に新しい空港がオープンした。みやこ下地島空港だ。日本には既に97もの空港がある。空港建設は公共投資の無駄遣いと揶揄されてきた中で、またもや、と思われるかもしれないが、この空港はパイロットの訓練用の飛行場であったものが、今般あらたに民間用にも開放されることになった空港なのだ。

滑走路の全長はジャンボジェットも離着陸できる3000m。既存の宮古空港（滑走路全長2000m）と合わせて、島は2本の滑走路を持つことになる。島にやってくる人は空と海からしかアクセスができない。宮古島にとっては2つの空港を持つことは、受け入れ態勢の大幅な増強になるのだ。

みやこ下地島空港があるのは、名前のとおり下地島だ。ひと口に宮古島と言うが、島は宮古島、来間島、伊良部島、下地島、池間島、大神島の6島から構成される。下地島は宮古島の西に浮かぶ伊良部島にほぼ接続しており、これまでは交通の便も悪く、訓練でやってくるパイロットたちだけに知られていた島だった。

ところが、２０１５年1月に宮古島と伊良部島を繋ぐ伊良部大橋が開通すると、島の様相は一変する。伊良部大橋は車のＣＭでも話題になった壮麗な橋で、全長３５４０ｍ。無料で渡れる橋としては日本最長を誇る。橋は新しい観光スポットになり、島同士が繋がることでリゾートとしての新たな可能性が開かれたのだ。

みやこ下地島空港は従来の訓練用に加え、国際線、国内線の離発着が可能となり、さらにはアジアや欧米からのプライベートジェットを迎えることができるようになった。空港の運営権は三菱地所が受託。２０２０年度には30万人の利用を見込む。

宮古島は沖縄の主要な島の中で、これまではもっとも「田舎」と呼ばれてきた。沖縄本島はもとより、石垣島よりも開発は遅れ、島の産業はサトウキビやゴーヤの栽培といった農業が主体で、観光は二の次だった。島は閉鎖的で移住者などが来ようものなら、本土からの「流れ者」ではないか、といった疑いの目つきでしか見られてこなかった。実際、2014年度で観光客数は43万人にすぎず、同年度の石垣島が110万人強であったのとは対照的である。

ところが伊良部大橋が開通した2015年度以降、観光客数は増え続け、2017年度は98万8000人に膨れ上がった。2018年度は110万人から120万人になったと予測されている。

観光客の急増で大問題になったのが、ホテルや旅館の不足だ。17年度末で島のホテル、旅館数はわずか46棟2432室にすぎない。ここに100万人を超える観光客が押し寄せたのだからたまったものではない。

そしてこの激変ぶりを、東京の大資本が見逃すはずはない。島は空前のホテル新設ラッシュとなった。これまで島のリゾートホテルといえば、1984年にオープンした東急リゾートや1993年にオープンした、オフィスコーヒーサービスで有名なユニマットグループが運営するシギラリゾートくらいで、他に見るべきホテルは見当たらなかった。

2018年になると小田急電鉄系のUDSが運営するホテルローカス（100室）

やフェリスヴィラスイート伊良部島・佐和田（8棟）、森トラストと外資系ホテルのマリオット・インターナショナルが運営するイラフSUIラグジュアリーコレクションホテル沖縄宮古（58室）などが続々とオープンした。

2019年はさらに、トレーラーハウスを利用したグランピングリゾートから1泊10万円を超える超高級ブティックホテルまで、さまざまなカテゴリーのホテルがオープンした。

ホテル開発ラッシュは留まるところを知らない。特に新空港ができる伊良部島は大人気。島内のあるリゾート予定地では、せいぜい坪あたり2000円だった土地が、現在は坪あたり100万円で取引されており、わずか数年で地価は500倍に跳ね上がったという。島の海岸という海岸が、東京などの大資本に買い占められ始めている。

短期間にこれだけの開発計画が持ち上がった結果、島の景気は活況となった。

建設資材などはほとんどが島外から運び込まれるのだが、建設計画が多すぎて資材の搬入が間に合わない。

資材だけではない。建設作業員がまったく不足してしまった。通常建設作業員は日当も安く、島の中だけで調達できてきたのだが、人手不足からコンクリート型枠工の日当は5万円を超えた。この金額は東京の工事現場の2倍に相当する。この金額につられて、大阪や東京から建設作業員が飛行機に乗って現場にやってくるという、信じられないような光景になっている。

島にやってくる作業員たちは、島のアパートを借りる。ところがアパートは、新設されたホテルの従業員や好景気を当て込んで、雨後の筍のようにオープンした居酒屋のバイトや好景気をあてこんで島にやってきたキャバクラの女の子たちで満杯。これに最近とみに増えた移住者たちのニーズが重なって、まったく空室がないという異常な状況に陥っている。実際に島の賃貸マンションの家賃はワンルームで3万円程度だった相場が、ここ4、5年の間に5万円を超えるに至っている。

島の不動産屋はさぞかし儲かっているかと思いきや、空室がないためにせっかくやってくるお客さんに紹介できる物件が払底してしまい、商売上がったりの状況だという。中には新築でできるマンションの完成を待ち焦がれて、簡易宿所に寝泊りしている移住希望者まで居るという始末だ。

そしてさらに問題が深刻なのが、この状況がすべて、まだ「みやこ下地島空港」がオープンする前の姿であることだ。三菱地所の目論見通りであれば２０２０年度にはさらに30万人が加わる。島では島内一の港である平良港に、２０２０年度までに15万トンまでの大型クルーズ船が接岸できる埠頭が建設中だ。２０１７年度で大型クルーズ船から平良港に降り立った外国人観光客は36万人。空、海での迎え入れはこれからも大幅増が予定されている。

加えて、島内には台湾の長栄大学が分校を開校する計画が着々と進んでいる。２０１８年11月には分校の開設準備室にあたる日本教育センターが開設された。計画ではこの大学に年間１０００人程度の学生が派遣されるという。賃貸アパートやマンションなど、いったいどれだけ作れば、際限なく増え続ける需要を吸収できるのであろうか、途方に暮れてしまう。

バブルに踊る島では、新たに商売をする者が現われる。最近、島の活況に目をつけた東京のある業者が島で買い漁った土地に、今後5年間にわたって賃貸アパート１３

0棟、簡易宿所70棟、計1500室相当を200億円の事業費で建設することをぶち上げた。そして、このうちの7割を個人投資家などに向けて投資用不動産として販売するという。

宮古島の家は、沖縄の他の島と同様、そのほとんどが石造りだ。ところがこの東京の業者は建設費を安くし、工期を短くするためにすべて木造にするという。それだけ島での需要は逼迫(ひっぱく)しているのだ。

だが、島の人から見れば「島のことを何にもわかっちゃいない」と言う。宮古島は台風銀座と呼ばれるように毎年大型の台風が島に来襲する。台風による強風は東京で経験するようなレベルではなく、命の危険を感じるほどだという。

「木造だなんてあんた、まあ家ごと吹っ飛ばされるのと違うか。まるで3匹の子ブタだぜ」

と冷笑する。

たしかにシギラリゾート内に残る「うえのドイツ村」では、木造のチケット売り場が台風で2階部分が吹き飛び、なんとも妙な形の建物になって残っている。

多くのよそ者が出入りし、島のことをよく理解せずに「やらかし」をすることで、島の平和は今後も保つことができるのであろうか。

宮古島がまだのどかな「田舎」だったころのことだ。宮古島の主要道路の道端に建つ警察官マネキンが話題になったことがある。マネキンの警察官はドライバーが本物と間違えてあわててスピードを落とす、注意深くなるなどの効果を狙って、一時は全国に広まった。ところが１９９６年に設置された、ここ宮古島のマネキンは、警察官の顔が白粉（おしろい）を塗ったように真っ白で赤い唇が妙にシュールで、これが「キモイ」ということで、全国的に話題になったのだ。しかも警官には「宮古まもる」という立派な名前がついている。

この宮古まもる君は、島では知らぬ人がいない人気者。島内で現在確認されるだけで19体が道端で警護にあたっているが、これらはみんな兄弟や親戚でそれぞれに「すすむ」「こうじ」などの名前がつけられている。またこれとは別に「まる子」という妹も1体存在する。

２００９年には島出身のシンガーソングライター下地暁（しもじさとる）さん作曲の「宮古まもる

君のうた」が、地元ローカルユニットの少女パニパニJrのデビュー曲となり、翌年には携帯着うたサイト「沖縄ちゅらサウンズ」で10週連続1位にも輝いた。かわいい少女2人がステージで踊ると、島の人たちも一斉に踊り出す。まもる君は島のヒーローなのだ。

さて、バブルの匂いに引き寄せられて、多くの怪しい輩(やから)が跋扈(ばっこ)し始めた宮古島。島のヒーローまもる君は、はたして島を守ることができるだろうか。島の動向に目が離せない。

日本人に不人気の鳥取県が、外国人に好かれるわけ

鳥取県と聞いて、多くの日本人が思い浮かべるのは「砂丘」ぐらいだろうか。食いしん坊ならば「21世紀梨の産地」というくらいは思いつくかもしれない。だが、一般的に鳥取県に対する印象は非常に希薄である。

こうした印象を裏付けるかのように、ブランド総合研究所が毎年発表する「魅力度47都道府県ランキング」では、2019年に鳥取県は41位。この順位は最近ほとんど変わっておらず、いわば「不動の不人気県」ともいえる存在だ。

鳥取県の正確な位置を言い当てられる人も少ない。中国地方にあることはわかっても、たいていはお隣りの島根県との混同が激しい。日本海に面して東西に細長くメインとなる都市も少ない。実際には県東部には県庁所在地である鳥取市（鳥取県の県庁所在地はと聞かれてすぐに鳥取市と答えられる人も実は少ない）、中部には倉吉（くらよし）市、西部には米（よな）

子市があるのだが人口は少なく、一番多い鳥取市でも19万人にすぎない。そんなわけで、とうとう参議院議員選挙の選挙区まで島根県と合区されてしまい、県の印象はますます希薄化しているともいえる。

ところがどっこい、鳥取県は実は外国人の間では非常に注目される旅行先になっていることをご存じだろうか。外国人向け日本情報サイト「ガイジンポット」が公開した「２０１９年に外国人が訪れるべき観光地ランキング」において鳥取県は福岡や東京（代官山）を抑えて堂々の第1位を獲得したのだ。

このサイトを覗くと、日本人であるわれわれでも、鳥取県が実に魅力にあふれる地であることが実感できる。まずは自然の豊かさだ。外国人にとって砂丘はもとより、砂丘から見える日本海の美しさに感動する。大山は中国地方では標高が最も高い山だが、彼らは夏のトレッキングのみならず、冬のスキーリゾートとしての大山も楽しむ。

クールジャパンの代表であるアニメにとっても、鳥取県は聖地のようなところだ。境港にある水木しげるロードは彼が描く１５０体以上の妖怪が街中に鎮座し、さながらストリートミュージアムのようだ。また倉吉市の北側に位置する東伯郡北栄町にある青山剛昌ふるさと館は、今や世界的なアニメとして名高い「名探偵コナン」の原作者・青山剛昌の資料館だ。訪ねてみたい外国人は若い層を中心に多そうだ。

島根県と鳥取県の境目に、境港という街がある。西側は中海を通して島根県に接し、東側は日本海に面する、人口約3万4000人の小さな港町である。だがここは今、遠い海の向こうからやってくる大量の外国人観光客の玄関口になっている。

境港管理組合によれば、境港に寄港するクルーズ客船の数は2018年で37隻。クルーズ客船でも大型といわれる総トン数10万トン超の船は、このうち13隻も寄港している。日本を代表するクルーズ船といえば「飛鳥Ⅱ」だが、この船で総トン数が約5万トンだから、「飛鳥」の倍以上の規模を持つクルーズ船が続々境港にやってきているということになる。

クルーズ船から境港に降り立った外国人観光客は、「水木しげるロード」に整備された商店街で特産のカニや干物を買う。彼らは1回の寄港で、一人当たりおおむね3万円から4万円の買い物をする。2018年に3回寄港した大型客船、オペレーション・オブ・ザ・シーズ（16万8666トン）クラスになると乗客定員数は優に4000名を超える。

つまり、地元では一度の寄港、上陸で1億円を超える経済効果が期待できることになる。彼らは現地で宿泊はせず、船は翌日には岸壁を離れるが、街にとってはあたかも宝船がやってくるようなものだろう。

外国人に人気の鳥取県。実際に観光データでもこの傾向ははっきりと表われている。県の調査によれば、2017年の観光客入れ込み数は実人数ベースで923万人。この数値は前年比で89万7000人、8・9％の減少を記録している。いっぽうで外国人の延べ宿泊者数は14万人、前年が10万人だから、なんとたった1年で4万人、40％もの高い伸びを示したことになる。たしかに日本人の間では不人気が継続しているいっぽうで、外国人人気はうなぎのぼりと言えるのだ。

国別ではどうだろうか。地理的な近さも相まって韓国が全体の4割近くとなる39・6％。香港22・0％、台湾12・9％。東アジア3カ国で75％程度を占める。

鳥取県では、アジア中心の客層から欧米からの観光客も取り込もうと一大作戦を展開中だ。

県では「元気づくり総本部広報課」という、なんだか元気のよさそうな職員がいそうな部署で、県のＰＲ動画を作成した。２０１７年8月12日にお目見えした第1弾は県の中部の紹介だ。案内役の日本人と思われる女性が、堪能な英語で案内。森の中でのランチ風景を皮切りに浦富海岸でのクリアカヌー、砂丘ではパラグライダーに挑戦、県の名産、梨狩りに興じ、あっと驚く砂の像が収容された砂の美術館を見学、和紙すきを体験して三朝温泉でまったりするというストーリー。なんと12分を超える長旅レポートだ。

この動画をYouTubeで配信。２０１９年の2月段階ですでに28万回も視聴されている。英語で視聴する日本人も少ないだろうから、おそらくかなり多くの外国人がこの動画を見ているはずだ。

動画配信はこれだけでは終わらない。間髪容れずに第2回を8月25日に配信。この回では中部から西部をテーマに白壁土蔵群、三佛寺投入堂参拝登山、皆生温泉などジャパンを存分に意識させる設えの数々、そしてアクティビティ大好きな欧米人を意識した大山でのダウンヒルサイクリングなどを紹介している。

続けて2020年3月の第3回では大山での雪上ランチとスノーボード、とっとり花回廊のイルミネーション、名物のカニ料理、温泉、世界で激増中の日本酒ファン向けの酒蔵巡り、和傘張りや藍染め体験などてんこ盛りである。

鳥取県では隣りの島根県とも組んで一般社団法人山陰インバウンド機構をつくり、訪日外国人客と国際交流をしたい日本人をつなげるガイドマッチングサービス会社であるHuber社と提携し、山陰エリアの魅力を紹介するグローバルWEBサイトやPR動画の制作も始めている。

まだまだ割合は少ない欧米人を誘致するにあたって、彼らが好むツボを良く押さえた広報体制、戦略である。日本人がステレオタイプで考える良い景色、美味しい食事、温かい温泉だけでなく、欧米人が好むアクティビティやエキサイティングな体験、彼らが知らない文化や歴史、風俗などを余すことなく企画、紹介している。

とかく地方創生を考える場合、日本人が感じる「良さ」ばかりを金科玉条のようにとりあげ、「おもてなし」という超曖昧なサービス単語でごまかそうとするインバウンド政策が多い中、鳥取県の取り組みはしっかりと顧客対象を定め、マーケティングをしている痕跡が、ありとあらゆるところに垣間見える。

ここには東京や、大阪のおこぼれを頂戴しようなどという野暮な発想もない。

「鳥取にはスタバはないけどスナバがある」。あの平井伸治知事が宣った自虐ネタの奥には、実は並々ならぬ地方創生への決意があったのだ。

ＰＲ動画を見ていると、日本人である私まで、なんだか鳥取に行ってみたくなるから不思議だ。そうだ、砂丘に行って「すげえ」と言うだけでなくパラグライダーに挑戦してみればよいのだ。浦富海岸のクリアカヌーは楽しそうだ。ちょっと怖いけど大山ダウンヒルサイクリングも挑戦したいな。

国内の不人気なんか関係ねえ。今、鳥取県がクールだ。

別府温泉が今、熱い！ 続々オープンするリゾートホテルに沸き返る街

別府温泉といえば、日本人なら誰でもが知る温泉の代名詞のような存在だ。別府温泉という名称は、大分県別府市内に存在する数百にものぼる温泉の総称で、「別府八湯」と呼ばれる別府、浜脇、観海寺、堀田、明礬、鉄輪、柴石、亀川に代表される。湯の湧出量では、日本一どころか世界1位を誇る。

別府温泉の名が全国的に知られるようになったのは、別府観光の父とも呼ばれる実業家油屋熊八の手によるものだ。彼は「山は富士、海は瀬戸内、湯は別府」というキャッチフレーズを考案し、全国を行脚して立て札を建立して回ったことで、別府温泉が日本人の多くに知られるきっかけとなった。

しかし、この温泉を訪れる観光客は平成に入って減少を始める。別府温泉は静岡県

の熱海(あたみ)温泉などと並び、企業の社員旅行に代表される「団体旅行」が主体だったために、個人旅行へと軸足を移しつつある国内旅行客のニーズからは徐々に離れていくことになったからだ。

逆にそれまでは鄙(ひな)びた温泉地でしかなかった湯布院(ゆふいん)に客足を奪われるようになり、日本人にとって別府は「名前は知っているけど、今さらね」といった感覚の「昔のリゾート地」となっていた。

そんな別府温泉が今、熱くなっている。

背景は、増加し続ける訪日外国人客（インバウンド）とＪＲ九州が運航する「ななつ星」に代表される富裕層観光の活発化だ。大分県は２０１５年５月に別府市のＰＲビデオ「シンフロ」を発表。シンクロナイズドスイミング（現在の呼び名は「アーティスティックスイミング」）を温泉風呂の中で行なうという奇想天外なストーリーと映画並みの演出、高品質な画像でおおいに話題をとった。このプロモーションビデオは大分空港のロビーでも繰(く)り返し流され、空港を訪れる多くの観光客の目に留まることとなる。

２０１６年になると、別府市の長野恭紘市長はシンフロをも驚かせる内容のプロモーションビデオを発表した。その名も「湯～園地」。

別府市にはラクテンチと呼ばれる遊園地がある。ラクテンチの歴史は古く、１９２９年「別府遊園」として開園された。だが温泉地の賑わいが失われていく中で、ラクテンチは経営に苦しみ、事業譲渡が繰り返されてきた。市ではこの遊園地のジェットコースターに目を付け、ジェットコースターの台車の中に温泉を入れてその台車に客を乗せて園内を走り回るという、驚くべきビデオを制作して公開。別府は「湯～園地」としてその存在を国内外にＰＲしたのだ。

おまけに長野市長は、このビデオに１００万回以上のＰＶ（ページビュー）がついたら実演してみせるとまで豪語。結果はＰＶ数が公開後わずか72時間で１００万回を超え、２０１７年の７月29日から31日までの３日間、実際にジェットコースターに温泉（実際は泡）を入れて動かしてみせたのだ。この祭りは大変な話題を呼び、東京のメディアなどでも取り上げられた。

こうした自治体を挙げてのプロモーションの影で、ひそかに進行したのが世界的なリゾートホテルブランドの誘致だ。17年6月、東京・港区のANAインターコンチネンタル東京の宴会場では大分県知事廣瀬勝貞、長野恭紘別府市長も臨席する中、「ANAインターコンチネンタル別府リゾート&スパ」のプレスリリースが盛大に行なわれた。

このスーパーラグジュアリーリゾートホテルは2019年8月1日に別府市の鉄輪温泉近くにオープンした。客室数89室。62㎡から212㎡までの客室には、スイートタイプの部屋のテラスに露天風呂が設置される。海側に面した客室からの別府湾の眺めは、絶景だ。さらには大分の豊富な海の幸や山の幸をふんだんに使った食事を楽しむレストラン、別府石を贅沢にあしらった大浴場、別府湾に繋がるような感覚になるインフィニティプール、世界のセレブリティを魅了するエステなど、ハイグレードな設備仕様が話題を呼んでいる。

さらにホテルでは大型クルーザーを用意。夜には別府湾でクルーズディナーを楽しむコースも企画しているという。インターコンチネンタルブランドを展開する英国IHGにとって世界初となる本格的温泉スパリゾートは、国内外の富裕層を別府に呼び込むことを目論んでいるのだ。

星野リゾートは２０１９年６月14日に新規リゾートホテル「星野リゾート 界 別府」を着工。この案件は市内の北浜２丁目にあった既存旅館「花菱ホテル」の株式を星野リゾートが取得、既存の旅館を建替えのうえ再オープンを目指すもので２０２１年春頃の開業を目指す。すでに隣接地では大江戸温泉物語が「別府ホテル清風」を買収、リニューアルオープンしている。

こうした動きに触発されたかのように今、市内では既存ホテルや旅館のリニューアルや建て替え、リブランドが続々行なわれている。２０１９年になってからだけでも４月に餅ヶ浜海浜公園前にあった別府富士観ホテルが建て替えられて近代的なリゾートホテル「ＲＥＸ ＨＯＴＥＬ別府」としてオープン。同じく４月に湯布院で旅亭田乃倉を営み、市内でも黒田や、しおり、かんな和別邸などの旅館を展開するオーナーが「灯りの宿燈月」をオープン。亀川温泉の高級旅館「晴海」は７月20日に「潮騒の宿晴海」として、全室が海側に面して露天風呂を持つ新規旅館を上人ヶ浜温泉にオープンする。

さらに別府の老舗ブランド「杉乃井ホテル」を運営するオリックス不動産は5月、杉乃井ホテルのうち2棟の新築、１棟の全面建て替えを発表。４００億円の事業費をかけて２０２５年度までに完成させるとした。地元の雄、関屋リゾートも市内の堀田温泉で35室の長期滞在型ホテル「ガレリア御堂原」を２０２０年９月に開業する。

空前のリゾートブームに沸き返る別府は、２０１９年９月20日から11月２日までのラグビーワールドカップでも、その存在感を遺憾なく発揮した。大会開催期間中、別府は大会の強豪でもあるニュージーランド、オーストラリアそしてウェールズチームの滞在地となり、この３チームをお迎えするにあたってのまたまた奇天烈なビデオが公開された。

市制作の「NO SIDE－BEPPUCITY」というプロモーションビデオだ。市内の温泉で寛いでいる男子高校生の脱衣カゴ内のスマホに、彼女と思しき女子高校生から連絡が来る。風呂あがりにそのメッセージに気づいた男子高校生が、いきなりタオル一枚に風呂桶を抱えて市内じゅうを走り回るという、意味不明なストーリー。街中では桶をラグビーボールに見立てたさまざまなラグビーの技が披露され、最後はラグビー場で連絡してきた女子高校生も、タオル1枚になってチーム全員でダンスを踊るというものだ。最後に別府にやってくる3チームのチームフラッグが出てWELCOMEとなる。

このビデオの制作には、市内の高校のラグビー部員や顧問、ラグビー経験のある市役所職員や一般市民など200人以上のボランティアを動員したという。多額の制作費をかけるのではなく、手作りのPRは地元の熱意を十分感じ取ることができる。

別府は古くからの温泉街であることから、もともと市外からやってくる人たちに対して寛容な土地柄である。だが、日本の多くの古びた温泉街が「いなくなってしまった」客を懐かしむだけで、客がふたたびやってくることをボーッと待っているだけである。対してこの街は、自ら積極的に仕掛けることで、国内外に自らの姿勢を曝け出して新たな顧客の獲得に力を入れている。

多くの新しい客がやってくることは、ホテルや旅館だけが儲かることではない。市では、街を訪れる客が別府の街に繰り出して遊ぶ新たな仕掛けを考えているという。

別府の観光の定番と言えば地獄めぐりだが、夕方5時には閉園となる。夜の別府の街は商店街が廃れ、飲食店も数が減り、別府に遊びに来た客が夜の街に繰り出すことを躊躇させている。

特に外国人観光客、とりわけ欧米からの客は、夜、街に繰り出して深夜まで遊ぶ。今の街には、昔ながらのスナックやカラオケを除いてはその受け皿がほとんどない。地獄めぐりも「ナイト地獄」として、照明デザイナーなどの知恵を借りて様々な演出を試みてもよいのではないか。

また別府には数日から1週間滞在するメニューがまだ乏しい。温泉に加えてクルージングやフィッシング、グライダー、トレッキングなど様々なアクティビティを兼ね備えてみてはどうだろうか。

別府市を訪れる外国人観光客は２０１７年で約60万人。前年比で33％もの増加を見せている。彼らを受け入れるハコも整いつつある。あとは、やってきた彼らを飽きさせずに「また来たい」と思わせるソフトウエアを用意することだ。

今度は別府市制作のWELCOME BACKをテーマにした素敵なプロモーションビデオが見たいものだ。

第5章

都市開発の行方(ゆくえ)

マッカーサー道路が分断したオジサンの街、新橋の明暗

先日、事務所を新橋から有楽町に移した。事務所を拡張しようとして8年間すごしてきた新橋界隈で探したのだが、適当な物件が見つからず、やむなく隣駅の有楽町に移ることになったのだ。

新橋はお気に入りの街だった。出張の多い私にとって新橋は、交通の要衝。JR山手線、京浜東北線、上野東京ラインに横須賀線。東京メトロ銀座線。都営地下鉄浅草線、駅名こそ違えど大江戸線に三田線。そしてお台場方面に向かう新交通ゆりかもめ。新幹線に乗るなら東京へも品川にも、まじで近い。羽田空港へは、都営地下鉄浅草線から京浜急行に繋がって乗り換えなし。成田空港だって東京駅から成田エクスプレスでゴーだ。

大企業相手の取引をするなら大手町や有楽町まで、すぐ。官庁の集結する霞(かすみ)が関(せき)

には天気の良い日なら歩いていける。弁護士事務所や会計事務所に御用ならば隣町の虎ノ門へ。

ちょっと気の利いたビジネスランチやディナーを楽しみたいなら、汐留の高級ホテル群へ。二次会は銀座にお任せ。銀座はちょっとリッチなお買い物にも超便利。つまりどこに行くにもほぼ徒歩圏というのが、「抜群の利便性」を誇る新橋の強みなのだ。

新橋というと、酔っぱらいのおじさんたちがテレビカメラの前でふにゃらけた発言をして顰蹙を買う定番の映像をメディアが繰り返し放送するためか、街としてきちんとした評価がされてこなかったように見える。

だがこの街に8年間事務所を構えて思うのは、新橋の「街」としての見事なまでの完成度だ。おじさんたちが集まる飲み屋街の街という印象が強い新橋。この街にある企業はみんな中小企業ばかりかといえば、実は新橋は大中小の企業が見事にミックスされた街なのだ。

同じようにおじさんたちが集まる街として、名高いのが同じ山手線沿線でいえば、神田や五反田の名が挙がるが、神田や五反田はほとんどが中小企業で構成される街であるのに対して、新橋は駅周辺はともかくとして西新橋や虎ノ門界隈にかけて意外と大企業の看板が目につく。

そのせいなのか、新橋の飲み屋に足を踏み入れると気づくのは飲んだくれているおじさんたちに意外に秩序があることだ。パリッとしたスーツを着こなしたおじさんが、嬉しそうにコップ酒をあおる。その隣りで中小企業のサラリーマンと思しきおじさんたちが楽しそうに競馬の予想で大議論をしている。大声をあげて騒ぐ愚か者がいるのは飲み屋街の日常風景だが、殴り合いや警察沙汰になるような事件は、少なくとも8年間界隈を飲み歩いた私は、ほとんど目にしたことがなかった。

また、「おじさんだけ」の街というレッテルが貼られた新橋だが、どうもそんなようには見えなかったのは、おそらく私だけではないはずだ。

暑い季節になると新橋の烏森口を出て烏森神社裏やJRA（日本中央競馬会）付近までを歩くと、飲み屋の店内からはみ出たお客さんが、みな路地にビールケースと折りたたみいすを持ち出して夕涼みをしながらビールやチューハイを飲む姿が定番だが、そこに座っているのは意外に若い男女が多いのも事実だ。おじさんの店は焼き鳥屋や居酒屋、もつ鍋屋ばかりだと思いきや、高級な寿司店や割烹料理屋からちょっとおしゃれなワインバーやバル、イタリアンなどさまざまなジャンル、高級ものから廉価版まですべてのラインナップがそろうのが新橋だ。

新橋の飲み屋には欧米人などいないと多くの日本人が思っているかもしれないが、それも大いなる誤解だ。新橋駅烏森口からすぐの元桜田小学校跡地をぬけていった柳通り沿いのパブを深夜に訪れると「ここはどこ？　本当に日本？」と思われるほどの外国人、しかも欧米人のてんこ盛りに遭遇する。店内は大音量でロックやソウルフルな音楽が響き渡る。カウンター内の店員の多くは外国人。そんな彼らはテンポの良いリズムにあわせて一斉に踊りだす。その姿を観てお客さん達も踊る。ものすごい一体感。

そんな新橋ラブの私から見て、最近の新橋にはちょっと嫌な波が押し寄せてきているように見える。きっかけは2014年3月に開通した環状2号線、通称マッカーサー道路だ。この道路は新橋のど真ん中を東西に貫く道路で、虎ノ門から新橋、汐留を通って築地市場から豊洲新市場方面へとつながる。このうちの新橋、虎ノ門間が「新虎通り」として開通したのだ。

新橋の街はＪＲ新橋駅から南の浜松町に向かって1丁目、2丁目となり、南端の6丁目まであるのだが、この道路は4丁目のほぼ中央を、街を東西に分断するようにして貫通した。私の事務所は最初の4年間は5丁目、そして後半の4年間は3丁目に構えたのだが、この道路が新橋の街に及ぼした影響を目の当たりにすることになった。

幅員の広いマッカーサー道路（新虎通り）ができて6年。街の様子は様変わりだ。道路の南、つまり4丁目の南半分から6丁目にかけての街の活気が一気に萎んでしまったのだ。道路ができる前、5丁目の私の事務所から駅までは徒歩でおよそ7分。けっして近くはないが、十分歩ける距離。なんといっても新橋の魅力的な飲み屋街を抜けて駅まで向かうのだからたまらない。朝は徒歩7分で事務所に来るのになぜか帰り道は徒歩4時間になってしまうのが、この街の魅力とも言えた。

ところが道路開通後は、本当は駅まで同じ徒歩7分であるはずの道が妙に遠くなるという現象が起こったのだ。広い道路を渡るには信号機のある横断歩道を渡らなくてはならない。ところが信号機のある個所はほんの数カ所。つまり道路を渡るのに道路沿いに大きく迂回を強いられることになったのだ。こうした心理的要因は歩行者を妙

マッカーサー道路は、ビルの下を通過している
（写真／共同通信）

に冷静にさせるようだ。飲み屋に向かうはずの足が自然と駅へと向かい始めたのだ。結果として、道路の南側にもあった飲み屋やラーメン屋の多くが潰れることになった。私が足しげく通った立ち食い蕎麦屋も閉店。店主によれば客が3割以上減少して商売にならなくなったという。

立ち退いた店の後にできるのは細長い賃貸マンションばかりだ。間口の狭い賃貸マンションには街としての顔がない。人を惹きつけるような看板や提灯もない。道路の南側は急速に寂れた街に変容してしまったのだ。

いっぽう4丁目の北半分から駅にかけては相変わらずのにぎやかさだ。だがここにも変化の波が押し寄せている。マッカーサー道路の開通はデベロッパーにとってはその沿道は垂涎の的。大手を中心に沿道の地上げ合戦がスタートした。価格は跳ね上がり、かねてよりの金融大緩和の追い風も受けて、暴騰を続けた。目の前に札束をチラつかされた新橋オーナーたちの多くが、店をたたんでデベロッパーに土地を明け渡し始めたのだ。

新橋の零細店舗の多くは不動産を所有せず、大家から建物を借りているケースが多い。建物オーナーも最近の地価高騰と地上げを目論（もくろ）んで高値を提示するデベロッパーの流し目に負けて、不動産を売り渡す事例が相次いでいる。

私のお気に入りだった、リーズナブルで美味しい家族経営の寿司屋は18年末に閉店。店主によればオーナーが建物を売ったので「出て行ってくれ」だったそうだ。その寿司屋のすぐ対面にあった、３０００円分も飲んだら酔いつぶれてしまうほど安い居酒屋も閉店した。

エリア内の古い店舗が続々看板をたたみ始めているのだ。おそらく周辺土地を買い増したデベロッパーが巨大なオフィスビルを建て、その地下に申し訳程度にチェーン店を誘致することだろう。六本木や大手町、日本橋の巨大ビルの地下のどこかで見たような看板のお店だ。小洒落（こじゃれ）ているけどなんとなくお高くとまって「おいしいでしょ」と脅迫してくるようなお店が現われることだろう。食べログにいくつ星があるか、なんて言い合いながらお店にやってくるお客さんの顔も変わっていくのだろう。ああ、なんだかつまらない街に変貌していきそうな新橋。やっぱりそろそろ潮時だったのかも。

埼玉県の植民地＝池袋は翔ぶことができるか

スクランブルだ、テラスだ、ストリームだ、フクラスだ、ソラスタだ、と続々再開発ビルの産声(うぶごえ)が上がり最近喧(かまびす)しいのが渋谷だが、渋谷と並ぶ代表的な副都心といえば池袋。地味ながら、どっこい池袋が最近がんばっている。

池袋のイメージといえば「ダサい」が定番。おまけに治安が悪い。風俗街がキモい、道が汚い、東京人の多くが池袋と聞いてなんとなく思い浮かべるのが、こうしたあまり「よろしくない」イメージだ。

池袋は、戦後の闇市の整備が遅れたことが最初の躓(つまず)きだった。1950年代頃から駅周辺には木賃アパートが密集し、淀橋(よどばし)浄水場の跡地を超高層ビル群に変貌させた新宿や、東急電鉄という大地主により計画的かつ積極的に開発が行なわれた渋谷に対して、常に後塵(こうじん)を拝(はい)してきたのが池袋だ。

それでも高度経済成長時代以降、拡大する人口の受け皿として池袋を起点とする西武池袋線、東武東上線沿線の人口が急増。池袋駅は都内に通勤する勤労者が乗り換える一大ターミナル駅へと成長してきた。ＪＲ駅別乗降客数ランキングでも池袋駅は１日平均で約56万人が利用、新宿に次ぐ地位は不動のものだ。１９７０年代には駅西口に東武百貨店、東口に西武百貨店という、なんだか道に迷いそうな東西が逆のアクセスながら大型商業施設が店舗を構え、沿線住民の消費を支えてきた。

だが、渋谷が東横線や田園都市線でお洒落でセレブなイメージを、新宿が中央線、京王線、小田急線、西武新宿線によって高級住宅街のイメージを作り上げていったのとは対照的に、池袋は埼玉県の住民が多く集まったことから、「ダサイたま」などといって揶揄される埼玉県のイメージが重なり、「埼玉県の植民地」などと言われるようになったのだ。

だが埼玉県民御用達の街、池袋に転機が訪れたのが、１９８６年のＪＲ埼京線の開通だ。これまでは埼玉県の沿線住民は、いったん池袋で乗り換えてから東京に出るために必ず池袋駅で乗降する。必然として池袋駅構内や周辺で買い物をすることが池袋の発展を支えていたのだが、この路線の開通によってストレートに新宿や渋谷に繋がってしまったのだ。

さらに2004年には湘南新宿ライン、2008年には東京メトロ副都心線が開通。特に副都心線は渋谷と池袋を繋ぎ、東武東上線や西武池袋線と相互乗り入れで直通運転を行なったために、埼玉県民は池袋をスルーして新宿や渋谷に買い物に出てしまうのではないかと危惧された。さらに池袋に対する危機感が露わになったのが2014年、池袋が属する豊島区が日本創成会議から全国に896ある「消滅可能性のある自治体」の一つに名指しされたことだ。

この状況の背景には、人が集まるはずの街である池袋周辺のマンションの多くが投資用の狭小ワンルームマンションばかりで、ファミリーが住めない、単身者が結婚をすると池袋周辺には適当な部屋がないので区外に脱出してしまうといった悪循環の存在が指摘された。

豊島区では2004年に狭小住戸共同住宅税を導入して、マンションで戸当たり面積30㎡未満の住戸を作る場合には、戸当たり50万円を徴収することにした。しかしこれだけでは効果は少なく、２０１４年には一定規模以上のマンションの新築にあたって、住戸面積は最低でも25㎡以上とすることを条例で定め、事実上ワンルームマンションを作らせない措置に踏み切った。

しかし、すでに建ってしまっているワンルームマンションに集まったのが外国人、国籍の多くは中国人だ。池袋周辺のワンルームマンションは、平成バブル期にサラリーマンなどの節税用投資マンションとして販売されたものが多い。初めのうちは学生や若いサラリーマン層が入居していたが、建物の老朽化や競合の激化を背景に次第に競争力を失い、賃料も5万円から6万円程度に落ち込み、その部屋に外国人が好んで住むようになったのだ。２０１８年における豊島区の新成人のうち外国人が占める割合は38％にも達し、駅北口には中華料理店が林立、怪(あや)しげな風俗店も軒(のき)を連ねるチャイナタウンとなっている。

だが、こうした池袋の負のイメージを払拭しようと、官民挙げての再開発事業が続々立ち上がっている。まずは「官」である豊島区。２０１６年4月南池袋にあった公園を全面リニューアル。広大な芝生広場が誕生。さらにＲＡＣＩＮＥＳ(ラシーヌ)というお洒落カフェがオープン、人々の憩いの場を演出。これまでの暗くて汚い公園のイメージを一新した。

さらには2019年11月16日、池袋西口公園がリニューアルオープン。池袋西口公園といえば、1990年代終わりから2010年頃にかけてベストセラーになった石田衣良の小説『池袋ウエストゲートパーク』シリーズの舞台。ナンパの聖地というありがたくない名前を持った公園が、屋外シアターを備えた劇場公園にその姿を変えた。公園には直径35mの「グローバルリング」と呼ばれるリングゲートが設置され、豊島区が標榜する「国際アート・カルチャー都市」の拠点となる。

東口側の整備も急ピッチで進む。旧豊島区役所庁舎跡には国際戦略特区に認定された再開発事業で建てられたHareza池袋の3棟の建物のうち、東京建物が運営するブリリアホールなどが入居するホール棟と豊島区民センターが、2019年11月にオープンした。1フロア400坪から500坪に及ぶ大規模オフィスや映画館TOHOシネマズが入居するハレザタワーは、2020年7月に運用が開始される。この街区には中池袋公園が整備され、映画やライブを楽しんだ人々が集う公園として位置付けている。

区ではさらに、サンシャインシティ東側の旧造幣局の跡地に防災公園「イケ・サンパーク」を２０２０年７月の完成を目指して整備している。これらの４つの公園をつなぐ交通として、「イケバス」と名付けた16人乗りの低速電気自動車の運行も開始。「ななつ星in九州」の車両をデザインした水戸岡鋭治氏によるかわいらしいバスがエリア内を走り回る。

「民」の動きも活発だ。２０１９年４月に駅南口で西武ホールディングスが、新本社ビル「ダイヤゲート池袋」をオープン。西武線の線路をまたぐビルとして鉄道ファンの目線をくぎ付けにしている。７月には東池袋１丁目で、東急不動産が建設運営する12スクリーン２５００席のシネマコンプレックス「キュープラザ池袋」もオープン。ハレザタワーにできるＴＯＨＯシネマズと並んで、池袋は映画村の様相を見せ始めている。ハレザタワーの開発運営には東京建物、日本土地建物が参画する。

駅西口で開発準備が進む「池袋駅西口地区市街地再開発準備組合」には三菱地所、三菱地所レジデンスの２社が事業協力者として選定されている。この計画は駅西口の東武百貨店を含め開発面積４・５haにも及ぶ大規模再開発で、高層ビル３棟や駅前広場の整備が掲げられている。

また西池袋1丁目では、ロサ会館を含めたエリアの再開発事業のための準備組合も設立。開発予定地の北側を文化娯楽ゾーン、南側を国際ビジネス交流拠点と位置づけ、２０２０年春の都市計画決定を目指している。

官民挙げての再開発機運で盛り上がる池袋だが、いっぽうでどうしても池袋が渋谷や新宿のような街にはならないような気がしてしまうのは、私だけだろうか。区が掲げるアートもカルチャーも池袋に持ち込むとなると、どこか猥雑なイメージを想起してしまう。せっかくオープンしたＨａｒｅｚａ池袋周辺を歩き、中池袋公園を訪れても、公園の周辺はラブホテルや風俗店の看板が目につく。

渋谷にオープンした高層ビルにはグーグルやミクシィ、サイバーエージェントなどの高感度テナントの名が並ぶが、ハレザタワーは開業が２０２０年7月に迫る中、いまだに数フロアの床を募集している。今後駅西口に高層ビルが建設されるというが、テナント像がイメージしづらいのが実感だ。

「翔んで埼玉」の植民地、池袋がどのようにして羽ばたくのか目が離せない。

ネズミとの共存ができるか？　豊洲新市場

豊洲新市場がオープンした。２０１６年８月に小池百合子都知事が、新市場の土壌汚染問題を理由にオープンを延期して以来、実に２年の時を費やしてのお目見えだ。これに合わせて築地市場もその役割を終える。

さて新市場がオープンするにあたり、築地から豊洲への大引っ越し事業が行なわれた。東京都の説明によれば、約９００の事業者が引っ越しを行ない、２トントラックで５３００台分、市場内での運搬車であるターレットやフォークリフト２６００台もその対象になったという。

わずか４日間という短い日程で、すべての業者が引っ越す大作戦が展開されることになった。さて、人や荷物が引っ越していく築地で置き去りにされる運命にあるのが、市場に残ったネズミたちだ。築地市場にどのくらいのネズミが生息していたかは明らかではないが、おそらく数万匹とみられる。
ネズミにとって市場は格好の住処だ。魚の切り落としや油脂、水産加工品、果実の切れ端など大量に出るごみは、ネズミたちに十分満足できる生活環境を提供してきた。特に市場に多いとされるのがドブネズミで、彼らは水に強く、水を大量に使う市場でも生きていける、という。その住処が奪われるネズミたちが市場の引っ越しとともに、大量に築地から移動を始めることが危惧されたのだ。

これに対して、市場側も、出ていくネズミたちをせん滅しようと躍起になった。計4回にわたって4万枚の粘着シート、大量の殺鼠剤の散布、捕獲籠や配管内の防鼠ブラシなどあの手この手を尽くして、市場からネズミを出さない作戦を繰り広げたのだ。

市場を抜け出したネズミたちが、築地やその隣りにある日本を代表する繁華街・銀座に逃げ込む可能性が高いからだ。

ネズミは予知能力が高いといわれる。昔から、沈没する船では出航前に船内にいたネズミたちが逃げ出すといわれた。映画『タイタニック』でも満足顔で船に乗り込む乗客たちをしり目に、大量のネズミたちがロープをつたって船から逃げ出すシーンがある。
また、地震が起こる前に、ネズミが動揺して逃げるまわることも知られている。市場の移転を予知したネズミたちはすでに移動を開始していたのかもしれない。築地市場にいるネズミを一網打尽にできたかといえば、担当者の意気込みとは裏腹に、おそらくそれは無理難題というものだろう。

ネズミで思い出すのは、以前新宿の超高層ビルでビル管理の仕事をしていたときの出来事だ。当時私は不動産会社に勤めていて、本社から異動を命じられ、新宿の超高層ビルの管理業務を命じられた。本社でオフィスビルの開発や運用はやってきたものの、現場での管理業務は初めての体験だ。

着任早々、私のデスクの上には消毒会社からその月に定期的に実施されている「殺鼠殺虫報告書」が置かれていた。内容を見ると「ネズミ60匹」を捕獲退治した旨の記載がある。まさか超高層ビルでネズミが60匹も捕まるのかと不審に思った私は、消毒会社の担当を呼び出し、

「60匹も捕れたのですか。この数、普段はどうなんでしょうか」

と聞くと、担当者は涼しい顔で、

「いや、ちょっと多めですかね。念のためもう1回やっておきましょうか」

と言うので、

「そうだね。じゃ頼みますよ」と再度の殺鼠殺虫をお願いした。

数日後、消毒会社の担当者から受け取った報告書に記載されたネズミの数はなんと「57匹」。まったく減っていない。心配になって上司に報告をすると、その上司はニコニコしながら驚くべき発言をした。

「ははは、だめだよそんなことしちゃ。何回やってもそんなに変わりゃしないよ。ネズミの数なんて」

びっくりする私に、上司は続けた。

「あのね。ネズミを退治しようとしても無駄だ。この新宿の高層ビル群の下には人間よりも多くのネズミが生息している。うちのビルで殺鼠剤を配管に流し込んでも奴らはあわてて逃げて地下配管を通って隣りのビルに逃げ込むだけだ。逃げ遅れた60匹くらいのバカなネズミが捕まる、ってことだ。奴らはこの広大な新宿の地下を縦横無尽に走り回っているから、殺鼠剤をいくら撒いたってそんなもの消毒会社を儲けさせるだけだよ」

「ネズミはね、せん滅しようとしても無駄だ。いいか、躾けるのだ。のこのこ出てきて人前に姿を晒してはいけないってね。躾けるために定期的に殺鼠剤を撒いて警告を与えるのだよ。そしてその警告を無視してきたら、さらに大量の殺鼠剤を撒いて叱りつけてやるのだよ」

さて、豊洲新市場でも、ネズミが生息するようになるだろう。新市場は最新の市場であるからネズミは出ないと高をくくっているかもしれないが、奴らは必ず新市場にもその姿を現わすことだろう。新市場でも新たに「躾ける」ことでネズミたちに粗相をさせないようにしていくしかなさそうだ。

そんな思い出話を夜遅く、客の多くが帰った新橋の古いビルの地下の居酒屋で話していると、私の席の数メートル先を猫と見紛うほどの立派な体軀をしたネズミが悠然と横切って行った。ネズミは、このビルの主であるかのように余裕の顔つきだった。ネズミ恐るべし、だ。

「縦」に延びる街の意外な盲点

２０１９年10月12日に伊豆半島に上陸した台風19号は、史上稀（まれ）に見る勢力を保ちながら関東地方から東北地方を縦断していった。この台風の特徴は被害が甲信越地方など広範囲に及んだことであり、大型化する台風やゲリラ豪雨の頻発を見ると、世界の気象変動がのっぴきならないレベルに来ていることを感じざるをえない。

また、この台風がもたらした被害の多くが、同年９月に来襲した15号は強風による被害が多かったのに対して、長時間に及んだ豪雨による水害だったことも特筆される。千曲川（ちくま）をはじめとする一級河川の氾濫（はんらん）は、広域に甚大な被害を及ぼすに至った。

被害を被（こうむ）った多くの住宅は、こうした河川の流域にあるものだ。日本は古来、自然災害の多い国である。国土が狭く、急峻（きゅうしゅん）な山地が多いために、河川が短く急流であることが原因だ。こうした国土に住むということは、常に台風や地震といった自然災害との戦いの歴史であったということもできる。

たとえば、東京のブランド住宅地のほとんどは高台にある。古くからのブランド住宅地は武蔵野台地と呼ばれる江戸城（現在の皇居）の西側に形成された。現在の番町、麹町から四谷、牛込付近がその代表だ。また外様大名の多くが武家屋敷を構えた本郷、小石川、麻布、六本木、青山など、邸宅の多くが地盤の良い高台に位置している。

東京は河川が多く、現在、一級河川として多摩川水系、利根川水系、荒川水系、鶴見川水系という4つの水系がある。この水系を中心に92の一級河川が展開し、これに二級河川を含めると都内にはなんと１０７もの河川が存在し、その延長距離は８５８kmにも及んでいる。

東京のブランド住宅地の多くが、実はこの河川流域を避けて高台に発達していることは、まさに「台風や地震との戦い」を避けようとする人々の知恵だったのである。

さて翻って現代。住宅地はどんどん郊外部に拡張され、大量の住宅が供給されてきた。そのいっぽうで、土地がありさえすればその土地の歴史を顧みることなく、ただひたすらに住宅を供給し続けてきた感は否めない。

一級河川などの流域はもともと地盤が軟弱なところが多いうえに、洪水などの災害が繰り返し起こっている。立派な建物を建てたところで、川の増水や氾濫(はんらん)を防ぐことにはならない。2015年、横浜市でデベロッパーの分譲したマンションが、杭(くい)の一部が地盤に届いていないことで建て替える騒ぎとなったことは記憶に新しいが、このマンションの敷地も鶴見川の氾濫原だったことはあまり知られていない。

今回の台風19号で川崎市高津(たかつ)区にある4階建てマンションの1階部分が水没して、住民である男性1名が亡くなったという。

亡くなった事情はわからないが、思い出されるエピソードがある。マンション業界では、開発のために取得した土地の上になるべく多くの住戸を確保した建物を造りたい、と考える。だがそれぞれの土地には用途地域から容積率、建蔽率などさまざまな規制があり、この規制の範囲内で建物を建設する必要がある。とりわけ住居地域などで苦労するのが、建物の高さ規制だ。

街を歩くとときたま、1階部分が半地下のようになっているマンションを見かけることがあると思うが、実はこうしたマンションが建つ多くの土地が高さ規制10mの土地だ。

高さが10m以内の土地では、普通に建物を建設すると3階建てが限界である。そこで、地面を掘って1階を半地下にすれば、4階建てにできるのである。世の中にはこうして建てられた「なんちゃって4階建てマンション」が数多く存在する。

ところがこうしたマンションは、あたりまえだが水害が生じた場合なす術がない。私の知り合いが勤めるデベロッパーでも以前、こうしたマンションを建設分譲し、数年後に台風による水害で水没しそうになり、土嚢を持って駆け付けたなどというエピソードがあるそうだ。そのデベロッパーではこうした潜水艦マンションはその時の教訓で現在では企画しなくなっているという。

また今回話題となったのがタワマンの街、川崎市中原区の武蔵小杉で大規模な冠水があったことだ。武蔵小杉という場所はもともとNECをはじめとした大中小の工場がひしめく場所だった。多摩川にも近く、ハザードマップなどでも水害の危険性が高いと指摘されている。古くからの川崎や横浜に住む住民から見ると、武蔵小杉はけっして良い印象がある街ではなかった。

ところが産業構造が変わり、工場の多くがアジアなど他地域に脱出すると、この工場跡地にデベロッパーが続々タワマンを建設する。２００８年に最初のタワマンが完成した以降は数多くのタワマンが林立する街へと変貌を遂げ、ＳＵＵＭＯ調査の「住みたい街ランキング」でも上位を占める常連になっている。

ところが台風19号によりＪＲ横須賀線の「武蔵小杉」駅改札口が水没、駅前ロータリーはＪＲ駅前のみならず東横線側でも冠水し、一時は水位が成人の胸の高さにまで及んだとの報告もある。こうした状況下、ネットでは一部のタワマンで地下部分に浸水が起こり、マンション内のトイレの使用を当面の期間禁止する張り紙が出たとの話が拡散され、騒然となったという。

この騒動は一時、多摩川の氾濫によるものとされたが、事実はやや異なるようで、大量の雨水が下水管に流れ込んだために処理しきれなくなって冠水したことが原因のようだ。

武蔵小杉では短期間の間に大量のタワマンが供給されたため、川崎市中原区の人口は20年前に19万５０００人だったのが、現在は25万８０００人に膨張している。そのため、区によれば社会インフラの整備が追いついていないという。

たとえば、急増する児童に小学校の整備が追いつかない、JR横須賀線の武蔵小杉駅は毎朝駅に入場する通勤通学客で長蛇の列ができるなどといった事態が、すでに何度も報道されてきている。そして今回の水害は下水道整備が追いついていないという実態も浮かび上がらせている。

タワマンは広い敷地といえども、容積率いっぱいに地上40階程度に聳え立っているために1棟当たりに居住する住民の数は半端ない。1棟当たり数百戸の住民が使う上下水が大量に流れ込む上に雨水の処理が間に合っていないのだ。これは個々のマンションの問題というよりも、短期間に急速に発展してしまった武蔵小杉という街の宿命ともいえよう。

東京都江東区では、総戸数30戸以上のマンション建設にあたっては開発業者に公共施設整備協力金をお願いしている。江東区は東京都心に通うサラリーマンの居住エリアとして大量のマンション建設が行なわれてきたが、住民の増加に伴って小中学校の整備が追いつかなくなるなどしたために、社会インフラの整備を目的にこの制度を導入している。

寄付金という建前だが、30戸を超える部分の住戸については戸当たり125万円の負担を求めており、多くの業者が負担し、学校や公共施設の整備などに充当している。

今後は武蔵小杉だけでなく、タワマンなどの高層建築物に対して社会インフラ負担金を求めていくべきなのではないだろうか。デベロッパーはマンションを建設、分譲してしまえばあとは「売り逃げ」するのが基本的な行動パターン。武蔵小杉はその典型で、デベロッパーが各社勝手に分譲し、その後の面倒は見ていないので、街全体が殺風景で彩（いろどり）に欠ける街並みとなっているばかりか、今回のような水害の一因になっているのではないかと考えられる。

社会インフラの整備を旧住民だけでなく開発業者や新住民たちにも応分に負担させることで、社会全体での安心、安全な街づくりになる。今回の台風災害で得た教訓を新たな防災の考え方に活（い）かしていきたいものだ。

鉄道相互乗り入れが、路線ブランドイメージを破壊する

東急線というと、首都圏の人間の多くは「ちょっとお洒落でハイソ」なイメージを抱く人が多い。関西での阪急線のイメージに似ているだろうか。

東急線の基幹路線といえば東横線と田園都市線だ。

東横線は渋谷から自由が丘や田園調布を通り、武蔵小杉、日吉、大倉山などを通って横浜に至る東急線の老舗路線だ。沿線には慶應義塾などの学校も多く、高級住宅街と新進気鋭のタワーマンション街、お洒落なブティック街などが連なる。電車に乗る人もどこか品があって、身なりのよい紳士淑女の電車というのが一般的な東横線に対する路線イメージだ。

いっぽうの田園都市線。渋谷から三軒茶屋、駒沢大学、二子玉川を通って、たまプラーザ、青葉台といった横浜の高台を走る路線だ。平成バブル時代の人気テレビドラ

マ「金曜日の妻たちへ」では、この沿線に住む高年収の夫を持った専業主婦たちの本音を語り、毎回登場する沿線のお洒落な街並みが視聴者を魅了した。

ところが最近、これらの電車を利用する人たちの電車に対する評判があまり芳しくない。そして悪評はどうやら他社線との相互乗り入れ開始後から始まったようだ。

東横線は2013年3月に大幅な路線改造とダイヤ改定を発表した。東横線の渋谷駅は地下に潜り、東京メトロ副都心線に乗り入れた。副都心線は渋谷から新宿三丁目、池袋を通って西武池袋線と東武東上線に接続したのだ。

東横線はこのときすでに横浜駅から先、元町中華街駅まで横浜高速鉄道みなとみらい線に乗り入れていたため、自社を含めて5路線がレールでつながり、各社の車両がこの路線を駆け抜けることとなった。

また東横線は日吉駅からは東急目黒線に分岐し、目黒駅から都営三田線と東京メトロ南北線に乗り入れた。南北線は赤羽岩淵駅からさらに埼玉高速鉄道に乗り入れ、浦和美園駅までを結ぶことになった。

おかげで日吉駅に立って電車を待つとやってくる電車の行先に戸惑うこととなる。

「小手指」は「こてさし」と読むが、横浜市内の駅でも東京の駅でもない、西武池袋線の埼玉県内の駅である。小手指以外にも「川越市」「石神井公園」「清瀬」「森林公園」「飯能」など、東横線で計16もの行先がある。目黒線も「鳩ケ谷」「王子神谷」「西高島平」など行先は9つに及ぶ。相当の地理オタクでなければ安心して電車に乗れるレベルではない。

田園都市線も負けていない。たまプラーザ駅から渋谷方面の電車に乗ろうとすると、行先は「南栗橋」だったり「東武動物公園」だったりする。行先は計13もあるのだ。

毎日の通勤通学ならどの行先でも東京都心に向かえればよいので気にならないだろうが、地方や他県から来た人はちょっとドギマギしてしまうのではないだろうか。

それにしても、どうしてこんなにたくさんの鉄道路線と乗り入れをすることになってしまったのだろうか。もともと東京の山手線の内側は私鉄が乗り入れできず、必然として東京メトロと都営地下鉄が乗り入れるというのが首都圏の鉄道網だった。郊外部の人口が激増した時代、このままだと渋谷や池袋などのターミナル駅がパンクしてしまうために、地下鉄に乗り入れて直接通勤できるようにしたのが背景だ。

鉄道各社にとっては駅の混雑のみならず、直通にすれば折り返し車両が主要駅に滞留しないためダイヤに余裕ができ増発が可能となる、また車両の効率的な使用が実現され、地下鉄と接続することで駅を地下化でき、地上部を再開発できるなどのメリットがあった。

ところが、あまりに多くの路線とつなげてしまったことから起きるトラブルに、鉄道各社は悩まされることとなる。

東横線は、乗り入れ以前は遅延の少ない優等路線だった。ところが乗り入れ先での踏切事故、人身事故、電車の故障、酔っ払いの転落など、接続先で発生する、ありとあらゆるトラブルの影響を受けるようになって、むしろ「時刻表通りには来ない」電車に看板がすげ替わってしまったのだ。またこれまでは渋谷が始発で座って通勤できたサラリーマンは、どこから来るとも知れない電車は既に満席で、立って通勤する環境変化に口を尖らせた。

田園都市線も各社の車両がごった煮で乗り入れてくるので、ただでさえ毎朝毎夕のラッシュ時には電車がつかえて遅延していたのが、さらに状態は酷くなった。また路線の老朽化から車両故障が頻発するなど利用者からの苦情が一気に増えたという。

通勤通学客のほとんどにとって、東京都心部まで1本の電車で通えるのはおおいにメリットがある。ところが、そこから先、小手指や森林公園に用事がある人は少なかろう。横浜の人が埼玉県や千葉県に用事で出向くことも少なそうだ。

そのいっぽうで乗り入れ後の休日には、埼玉県方面から大量の観光客が東横線に乗って横浜のみなとみらいに観光に来る。彼らは中華街で食事するようになったが、これも横浜の地元民から見れば、電車の雰囲気が変わってしまった原因のひとつかもしれない。

彼らからすれば、毎朝毎夕の通勤時にはなんだか名前もわからない駅での事故の影響で待たされた挙句、休日にはわけのわからない乗客が大量に自分たちの街、横浜に押し寄せてくる。自分たちの電車がそうではなくなったような気分になるのかもしれない。同じ路線上にいろいろな人たちが乗った結果、路線のブランドイメージにも微妙に変化が生じたのである。

東横線の東京メトロ副都心線への乗り入れは、もう一つの副産物をもたらした。渋谷駅を地下化してしまったために、横浜から渋谷に買い物にやってくるお客様が、そのまま副都心線に揺られて新宿三丁目の伊勢丹に行くようになってしまったのだ。地下深くに潜ってしまった渋谷駅で降りて地上に出るよりも、伊勢丹なら駅直結である。渋谷は終着駅、乗換駅ではなく単なる通過駅に堕してしまったのだ。意外なポイントで人の流れは変わってしまうのである。

東急は渋谷に新しい複合施設「ストリーム」など大型商業施設を開業して、通過してしまったお客様を途中下車させようと躍起になっている。

それにしても以前、関西の大手私鉄会社の役員と話をしたときの記憶が蘇る。

「東京の電車はなんであんなに乗り入れ好きなんやろな。うちは絶対地下鉄にはつなげまへん。だって梅田でお客さん降ろさな、百貨店がもうかりまへんやろ」

通勤客の利便性重視ではじめたはずの鉄道相互乗り入れ、足元がぐらつく中、どうやら線路の足並みも乱れてきたようである。

東京にも「街間格差」の時代が来る

東京の住宅事情は、ここ20年ほどの間にずいぶん変わった。その原因は、人々のライフスタイルの変化と、都心部での住宅供給力のアップだ。

男女雇用機会均等法の改正による夫婦共働きの進展は、住宅マーケットにおいては世帯における住宅購買力を一気に高める効果があった。これまでの主流だった専業主婦世帯では、住宅ローンは夫が返済するもの。夫の収入の範囲内でしかローンは組みようがなかった。だがこれに妻の収入が加わることによって、今までは考えられなかった高額の住宅ローンが組めるようになった。

また、1990年代の後半以降、超円高などを原因として産業構造が変化。東京の湾岸部にあった工場や倉庫などが次々に撤退したことで、デベロッパーやゼネコンがこうした土地にタワーマンションなどを建設分譲、都心部における住宅の供給力を大幅に高めることができるようになった。

夫婦共働き世帯では、夫婦ともに会社に通勤しやすい街に住むのが最優先課題。住宅選びで最も重視されるのは、住環境というよりも交通利便性ということになった。郊外住宅地の人気は薄れ、代わってＪＲなどの主要路線のターミナル駅が人気を呼ぶようになった。

元号が改まり、東京は五輪という宴（うたげ）を迎える。ではこうした状況は五輪後も続いていくのだろうか。このことに答えるためには、これからの東京の不動産をめぐる環境がどのように変化するのかを見極める必要がある。

人が集まる街は不動産が上がる。これは不動産を業としている人ならば誰しもが実感することだ。

だが、東京都の発表によれば東京都の人口はおおむね２０２５年ごろがピークで、その後は減少を始めるという。都区部に限ってみても２０３０年頃から人口は減少する。エリアにもよるが、これまで一方的に人を集めてきた東京の「集客力」はそろそろ限界を迎える。その原因は住民の高齢化だ。

東京都の高齢者人口推計によれば、２０１７年9月15日の時点での都区部における65歳以上の高齢者人口は２０１万１０００人と初めて２００万人の大台を超えた。この数値は20年前の約１・７倍に及ぶ。しかもこのうち75歳以上の後期高齢者の人口は１０１万人。なんと高齢者の半数以上が75歳以上の後期高齢者だ。

時間軸を、あと10年から20年先へと引き伸ばしてみよう。都区部において大量の相続が発生することが容易に予測できる。そして相続人の多くはすでに家を所有している世代。親の家に住む人もいるだろうが、これを賃貸や売却に出す人が多いはずだ。

もうひとつの環境変化が、都区内に多く眠る農地だ。今でも世田谷区や練馬区を歩くと多くの都市農地を見ることができる。これらの農地は生産緑地制度に登録した土地が多く、固定資産税が宅地並み課税とはならずに農地並みの課税として取り扱われている。

この生産緑地制度に登録するには、農業を30年間継続することが条件となっているが、東京都内では約３３００haが登録されている。都区部では練馬区は１７７ha、世田谷区でも84haもの土地が生産緑地となっている。

この営農30年の期限が最初に到来するのが2023年だが、現在登録されている生産緑地のおよそ8割が2023年に期限切れを迎えるとされている。期限満了と同時に売却や賃貸アパートなどとしてこれらの土地がマーケットに供給されると、東京の地価は供給圧力に押されて大幅に下落する可能性が囁(ささや)かれている。

生産緑地制度の期限延長や条件の緩和などがすでに打ち出されてはいるが、生産緑地所有者世帯の多くで高齢化が進み、円滑(えんかつ)な事業承継が進んでいないのが実態だ。また期限切れの生産緑地を借り上げて農業を営(いとな)む法人個人がどれだけ出現するかも、不透明だ。

これから東京都内では、相続ラッシュが起こる。そして意外と多い生産緑地の一部が宅地となって、賃貸や売却といった形でマーケットに拠出されてくる。いっぽうで東京の人口増加ペースは鈍り、2025年を境に減少に転じる。人が集まらなくなることはそれだけ住宅に対する需要が減退するということだ。

もちろん、住宅は人口だけで決まるものではない。これまでの日本は人口の増加ペースが鈍っても、世帯数は増え続けてきた。ライフスタイルが変化し核家族や単身世帯が増えた結果、日本の世帯数は増え続け5340万世帯（2015年国勢調査）になっている。しかし、国立社会保障・人口問題研究所の推定では2023年の5419万世帯を境に日本の世帯数は減少に向かうとされる。

これからの日本は高齢者の単身世帯は増加するが、高齢者の多くはすでに住宅を所有しているケースがほとんどで新たに住宅を買う、あるいは借りる層ではない。

そして若者人口が減少するということは、やはり住宅に対する実需が減らざるをえないことを意味する。

「供給が増えて、需要が減る」ということは、価格は下がる。経済学の基本中の基本である。

いっぽうで都内の不動産価格が下がるということは、住宅を選ぶ側から見れば朗報だ。賃貸でも購入でも都内の不動産は選り取り見取りになる。つまり都内の不動産は「借り手市場」「買い手市場」に転換するのだ。

都内での住宅選びの自由度が高まるということは、都内における住宅選びの審美眼が上がることを意味する。今まではとにかく交通利便性だけを重視して会社にアクセスしやすい住宅を選んできた人々が、落ち着いて都内に「住む」ということをさまざまな角度から「考える」ようになるだろう。

中古住宅や土地が大量にマーケットに出てくれば、これまで新築マンション広告を、目を皿のようにして眺めていた顧客が、立地の良い暮らしやすい街を選択するようになるだろう。これまでは「会社ファースト」で住宅選びを行なってきたのが、テレワークが主流となり、必ずしも毎日朝9時から夕方5時まで会社にいなくてもよくなれば、通勤という概念から離れ、一日のうち長い時間を過ごす、自分が住む街の魅力度を精査するようになるだろう。

こうした動きは、これまでの鉄道一本やりだった交通手段に対する考え方をおおいに変える可能性を秘めている。駅から徒歩何分という選択肢ではなく、自分たちの住む街の環境や機能にも目を向けるきっかけになるのである。

都内でも、駅からは遠くとも意外と緑などの自然環境が豊かな住宅地はたくさんある。とても都内とは思えないような静かな住宅地もある。必ずしも湾岸タワーマンションに住んで無理に着飾った生活を送らずとも、都内にはすでに良い街がたくさんあるのだ。

デベロッパーが謳う新築マンションのポエムのような宣伝文句だけに惑わされずに、じっくり街選び、住宅選びができるようになるのがこれからの東京だ。

こうした住宅選びの環境の変化は、なんでも「東京はいいね」といった、これまでのステレオタイプな価値観にも大きな変化が生じるだろう。人々が住宅選び以上に、街を選ぶようになるからだ。同じ行政区にあっても、街の質を選ぶ時代になるのだ。

つまり、夫婦が街の中にある保育所に子供を預け、街の中にあるコワーキング施設で夫婦は会社は違っても、一緒に働き、先に終わったほうが子供を迎えに行き、買い物をする。街で遊び、街を楽しみ、街で寛ぐ。通勤がなくなるということは、自分たちが住む「街」という生活ステージの選択が重要となるのだ。

世田谷区だから「勝ち組」だとか、足立区だから「微妙」とかいう価値観は希薄化し、街のブランドも変わってくるだろう。つまり現代人が必要とする機能を備えた街が、新たなブランド街としての頭角を現わす時代になるのだ。

都内にあっても街間競争に敗れた街は、空き家が増え、地価は大幅に下がるだろう。駅前というアドバンテージだけでは人を集められなくなる街も出現することだろう。そしてこうした時代の到来は、人々の住宅環境に対する意識を高め、街の環境をよくするためのコミュニティーの醸成に尽力する地域社会を作り出すことにつながるはずだ。ここに未来の東京の顔が見えてくる。

そうした意味では、これからの住宅を選ぶことになる若い東京人は幸せだ。これまで人生で稼ぐカネの多くを家という「ねぐら」に注ぎ込まざるをえなかったものが、自分を磨く別のものにも使えるようになるのだ。

そのとき東京に住む人々の生活は、きっともっと豊かなものになるはずだ。

切りとり線

★読者のみなさまにお願い

この本をお読みになって、どんな感想をお持ちでしょうか。祥伝社のホームページから書評をお送りいただけたら、ありがたく存じます。今後の企画の参考にさせていただきます。また、次ページの原稿用紙を切り取り、左記まで郵送していただいても結構です。

お寄せいただいた書評は、ご了解のうえ新聞・雑誌などを通じて紹介させていただくこともあります。採用の場合は、特製図書カードを差しあげます。

なお、ご記入いただいたお名前、ご住所、ご連絡先等は、書評紹介の事前了解、謝礼のお届け以外の目的で利用することはありません。また、それらの情報を6カ月を越えて保管することもありません。

〒101-8701（お手紙は郵便番号だけで届きます）
祥伝社　新書編集部
電話03（3265）2310
祥伝社ブックレビュー　www.shodensha.co.jp/bookreview

★本書の購買動機（媒体名、あるいは○をつけてください）

＿＿＿＿新聞の広告を見て	＿＿＿＿誌の広告を見て	＿＿＿＿の書評を見て	＿＿＿＿の Web を見て	書店で見かけて	知人のすすめで

★100字書評……不動産で知る日本のこれから

名前

住所

年齢

職業

牧野知弘　まきの・ともひろ

1959年、アメリカ生まれ。東京大学経済学部卒業。ボストンコンサルティンググループを経て、三井不動産に勤務。2006年、J-REIT（不動産投資信託）の日本コマーシャル投資法人を上場。現在は、オラガ総研株式会社代表取締役としてホテルや不動産のアドバイザリーのほか、市場調査や講演活動を積極的に展開。不動産関係の数多くの著書を執筆している。祥伝社新書に『空き家問題』『民泊ビジネス』『インバウンドの衝撃』『業界だけが知っている「家・土地」バブル崩壊』などがある。

不動産で知る日本のこれから

牧野知弘

2020年４月10日　初版第１刷発行
2020年12月５日　　　第２刷発行

発行者……………辻 浩明
発行所……………祥伝社しょうでんしゃ
〒101-8701　東京都千代田区神田神保町3-3
電話　03(3265)2081(販売部)
電話　03(3265)2310(編集部)
電話　03(3265)3622(業務部)
ホームページ　www.shodensha.co.jp

装丁者……………盛川和洋
印刷所……………萩原印刷
製本所……………ナショナル製本

Printed in Japan　ISBN978-4-396-11601-9　C0233

〈祥伝社新書〉
牧野知弘の本

228
なぜ、町の不動産屋はつぶれないのか
知れば知るほど面白い！　土地と不動産の不思議なカラクリとは……。
不動産コンサルタント　**牧野知弘**

295
なぜビジネスホテルは、一泊四千円でやっていけるのか
次々と建設されるＢ・Ｈの利益構造を明らかにし、業界の裏側をはじめて明かす
牧野知弘

371
空き家問題　1000万戸の衝撃
毎年20万戸ずつ増加し、二〇二〇年には１０００万戸に達する！　日本の未来は？
牧野知弘

477
民泊ビジネス
インバウンド激増によりブームとなった民泊は、日本経済の救世主か？
牧野知弘

523
業界だけが知っている「家・土地」バブル崩壊
団塊ジュニア直撃か⁉　激変する不動産事情をプロが実例を示してわかりやすく解説！
牧野知弘